Verlag Wissenschaft und Politik

Alphons Silbermann

Neues vom Wohnen der Deutschen (West)

Umschlaggestaltung Rolf Bünermann
Gesamtherstellung Werbedruck Zünkler, Bielefeld 11
Printed in Germany · ISBN 3-8046-8765-2

Dieses Buch beruht auf einer Untersuchung,
die im Auftrag der IKEA-Stiftung, Hofheim-Wallau,
im Kölner Institut für Massenkommunikation e.V., Köln,
durchgeführt wurde.

Inhalt

Kapitel 1

Das Wohnerlebnis

Mit dem Wohnen der Menschen beziehungsweise der Einteilung, Aufteilung und Einrichtung der Wohnung befassen sich Druck- und elektronische Medien in reicher Auswahl. Rundfunk und Fernsehen, Zeitungen und Zeitschriften äußern sich ebenso maßgeblich zu Bauplanung, Landschaftsaufteilung, Regionalplanung, Repräsentativ- und Städtebau wie zur Einrichtung einer smarten Junggesellenbude, eines todschicken Landhauses oder einer Mansarde. Vom praktischen Besenraum bis zum konvertierbaren Sitz-, Speise-, Arbeitszimmer zeigen uns buntfarbige Bilder, versehen mit in höchsten Tönen schwelgenden Texten, wie man gut schlafen, geruchlos kochen, gemütlich sitzen, konzentriert arbeiten, mühelos putzen, kurz, wie man schön wohnen kann und soll.
Einerseits mutet dieses Bemühen wie die medizinische Laienaufklärung an, mit der man möglicherweise vermag, den schwer erreichbaren und kostspieligen Arzt zu ersetzen, andererseits wie die indirekte Förderung von Konsumgütern. Jedoch man könnte auch der Ansicht sein, daß jene als Allwandprogramm in echten Edelhölzern, in Schleiflack oder unverwüstbarem Kunststoff, in schlichter Rahmenausführung, mit Siamrohrfronten angespriesene »vorbildliche Wohnkultur« ein Beweis für Bemühungen ist, zur Schöpfung eines zur gleichen Zeit praktischen, ökonomischen und geschmackvollen Lebensstils beizutragen. Denn nur mit einer sinnvollen Wohnungseinrichtung könne man dem drohenden »Zerfall des Familienlebens« oder überhaupt »Auflösungserscheinungen unserer Gesellschaft« entgegenwirken, also einen unmittelbaren Beitrag zur sozialen Organisation leisten.
Wie immer man hierzu im einzelnen stehen mag, ob man dem unentgeltlichen Gejammer von Sozialarbeitern, Bau-, Design- und Sozialkritikern Glauben schenkt oder nach Anweisung der einen Wohnzeitschrift die Anschaffung eines niedrigen Glastisches für die Bequemlichkeit bebauchter Menschen förderlich hält oder nach einer anderen Postille sich afghanische Teppiche an die Wand nageln soll, um auf diese Weise ein Maximum an Wohn- und Lebensstil zu erreichen – fast immer wird von unerwiesenen Prämissen, von nebulösen Vorstellungen und vagen Illusionen ausgegangen. Die notwendigen

Grundüberlegungen über das, was »Wohnen« – in Theorie und Praxis – alles bedeutet und umfaßt, bleiben meist unbeachtet.
Es hat sich in unserer Gesellschaft über und mit Bezug auf »Wohnen« ein Mythos verbreitet, der tatkräftig von allen denen unterstützt wird, die wir zusammenfassend als die »Planer« (nicht als die »Berater«) bezeichnen wollen, eine inkohärente Gruppe, bestehend aus Architekten, Baumeistern, Innendekorateuren, Möbelwerbeagenturen, Möbelverkäufern, Stadtplanern und, nicht zu vergessen, Gesellschaftskritik pflegenden Wohnsoziologen. Da sie sich nur wenig um das »Drinnen« des Wohnens bekümmern, will sagen beispielsweise um die Kommunikationslinien innerhalb einer Wohnung oder, noch wesentlicher, um das Verhalten der Menschen bei der Nutzung der Wohnung, unterstützen sie den Mythos vom Wohnen bzw. der Wohnung durch technische und wissenschaftliche Ergüsse über eine »Wohnkultur auf gehobenem sozialem Niveau«, die es erlaubt, die Nuance der Dinge und die Rangordnung der gesellschaftlichen Werte zu erkennen, um durch den Geist eine überspezialisierte Welt zu beherrschen. Hält man den Planern vor, daß die Wohnung allein oder mitsamt ihrer Einrichtung auch als eine Ware angesehen wird, dann ziehen sie sich protestierend auf das Diktum vom »Malen in Beton«, »Dichten mit Möbeln«, »Harmonisieren mit der Umwelt« oder von der Wohnungseinrichtung als einer den anderen Künsten ebenbürtigen »Bau-, Design- und Dekorationskunst« zurück.
Um der Unglaubwürdigkeit zu entgehen, befreien sich die Planer aus diesen Verflechtungen, wann immer möglich, indem sie zu der Begriffskonstellation von der »organischen Einheit« greifen. Gemeint ist hiermit die Einheit von Bauplatz, Struktur, Einrichtung, Dekoration und Bepflanzung oder, kurz gesagt, das Gesamtkonzept eines Gebäudes, bei dem das Innere einen ebenso wichtigen Teil der Einheit ausmacht wie das Äußere. Möglicherweise ist es kein Zufall, daß das Konzept der Ein- bzw. Ganzheit auch als soziologischer Begriff (zusammengesetzt aus Gestalt und Struktur) von Bedeutung ist. Es wird in der Soziologie meist im Zusammenhang mit organischen Betrachtungen verwandt, und zwar wenn es darum geht, einer atomistischen Betrachtungsweise sozialer, wirtschaftlicher, politischer und kultureller Teilerscheinungen entgegenzutreten. Dieses Bemühen manifestiert sich mit Bezug auf das Wohnen bei den Planern auf zwei unterschiedliche Weisen. Zum einen durch den Versuch, eine lebende Beziehung zu der Welt des Wohnens herzustellen, womit Phänomene wie die natürliche oder künstlich-technische Wandlung der Umwelt ihre Bezüge findet. Zum anderen durch einen Rückzug auf das rein Strukturelle, wodurch soziale und wirtschaftliche Gesichtspunkte in den Hintergrund verdrängt werden.
Dieser Gegensatz in den Denkrichtungen hat zu einer Mischung von Haltungen geführt, bei der der Begriff »Wohnen« dem Gesamtzusammenhang entzogen wird. Ersehen läßt sich dies schon allein aus dem Überwiegen einer ästhetisie-

renden Planungskritik, die sich unter Außerachtlassung rein menschlicher Gegebenheiten – von Verhalten bis Nutzung – überwiegend mit formalen Fragen befaßt. Sieht man es jedoch als die vordringliche Aufgabe an, den *Menschen* in die Mitte des Wohnens zu stellen, d. h. dem Individuum wie dem Kollektiv ein Wohnen zu vermitteln, das primär der Eigentlichkeit des Menschen gerecht wird, dann haben Probleme wie die Erkenntnis der Einordnung jeder Einzelaufgabe in das größere Ganze (beispielsweise das Verhältnis der Funktion einzelner Räume zum Gesamt der Wohnung), fernerhin das Verstehen der Angemessenheit für Gesamtstruktur und Details sowie Verständnis für Eigengesetzlichkeiten innerer und äußerer Konsequenzen in der Gestaltung der Wohnung vordergründig zu sein.
Doch auch diese Erkenntnisse einer zeitangepaßten sozialen Planungsgesinnung verbleiben im Gefilde der Theorie, solange nicht Klarheit darüber herrscht, was in dem Begriff »Wohnen«, um das sich der Mensch zu allen Zeiten bekümmert hat, alles enthalten ist. Dementsprechend – unter Außerachtlassung von Benennungen wie Höhle, Heim, Haus, Hof, Schloß, Wohnhaus, Unterschlupf, Obdach oder Dach über dem Kopf – gilt es einen Versuch der Systematisierung zu unterbreiten, selbst wenn dabei jene organische Ganzheit, die das Wohnen zweifellos darstellt, auseinandergerissen werden muß. Schließlich haben wir in Betracht zu ziehen, daß das Wohnen vom Planer wie vom Bewohner von gänzlich unterschiedlichen Warten aus betrachtet werden kann.
Erstens läßt sich das Wohnen als eine *individuelle* Angelegenheit ansehen, indem auf sozio-ökonomische Charakteristika des Bewohnertypus Bezug genommen wird (Schichtung). Das Wohnen und damit verbunden die Gestaltung der Wohnung weichen voneinander ab, je nachdem, ob es sich um die Wohnstätte eines Angestellten, eines Gelehrten, eines Arbeiters, eines Künstlers, eines Bankiers etc. handelt.
Zweitens zeigt sich das Wohnen als eine *psychologische* Angelegenheit. Hier wird bei der Wohngestaltung (insbesondere beim Wohnen in inneren Stadtbezirken) von Problemen der Lärmverhütung, Umweltverschmutzung, Energiekonzentration, Farbenwirkung etc. ausgegangen, aber auch von solchen Elementen, die entweder der Schaffung einer Kollektiv- oder Privatsphäre dienlich sein sollen, die sowohl nach innen, das heißt zur Familie hin, als auch nach außen, das heißt auf Absonderung im Sinne von »My home is my castle« hin, ausgerichtet sein kann.
Ohne eine Rangliste zu etablieren, erkennen wir das Wohnen drittens als eine *physiologische* Angelegenheit: Bequemlichkeit, Handlichkeit und Tunlichkeit sind hier die Ingredienzien, ebenso wie gesundheitliche, hygienische und sanitäre Erwägungen.
Kriterien dieser Art stehen mit dem Angebot an technischen Innovationen in enger Verbindung, so daß sich in diesem Zusammenhang auch vom Wohnen

als einer *technologischen* Angelegenheit sprechen läßt. Indes, da das mit negativen Vorurteilen belastete Schlagwort von der »technisierten Welt« in weiten Kreisen die Ansicht hat aufkommen lassen, Technik und Kultur seien feindliche Brüder, haben sich Ressentiments gegenüber einer durch technologische Zwänge bedingten Bau- und Wohnungswelt entwickelt, einer Welt, die zwar das Schöne nicht verachtet, jedoch nicht länger dem Streben nach dem Schönen gehorcht. Sitzkomfort, Heizungs- und Beleuchtungskörper, Anbaumöbel, elektronische und andere Apparaturen – sie alle unterliegen technologischen Bedingungen, um der Gesamtheit der wirtschaftlichen, herstellungstechnischen und funktionellen Belange Genüge zu leisten.

Viertens zeigt sich das Wohnen als eine *soziale* Angelegenheit, wobei sich das Augenmerk in erster Linie auf das Gesellschaftlich-Individuelle richtet, d. h. auf Status, bzw. Prestige des Menschen. Ist es doch eine seit langem durch die soziologische Forschung erkannte Tatsache, daß das menschliche Wesen im allgemeinen immer versucht bleiben wird, seinen sozialen Status zu erhalten oder ihn zu verbessern. Da die Zugehörigkeit zu einer Halb-Welt immer noch wünschenswerter ist als die zu einer Nicht-Welt, bleibt es ein immanenter Wunsch derer, die zur kleinen Welt gehören, die große Welt zu erreichen. Daraus erklärt sich zu einem großen Teil das Streben ganzer Bevölkerungsgruppen nach »besserem Wohnen«, nach Möbelprogrammen, die durch eigenständige Gestaltung aus der Masse herausragen, sowie nach dem Eigenheim, und sei es noch so schlecht gelegen, noch so unpraktisch und noch so kostspielig. Hierzu haben weniger die anpreisenden Flötentöne von Naturnähe, Gartengelände, Geldanlage, Wertbeständigkeit und Wohnkultur geführt als der Drang nach sozialem Aufstieg, und zwar innerlich für das Individuum selbst als auch äußerlich für das Kollektiv. Raumgrößen, Wohnungsaufteilung und Einrichtung dienen hier als Status- und Prestige-Indikatoren, und sei es nur ein mit Büchern nach Zentimetermaß angefülltes Regal, ein vergilbter Stich an der Wand, eine mit Flutlicht beleuchtete wurmstichige gotische Madonna in der Ecke oder eine in Marmorimitation ausgestattete Gästetoilette.

Fünftens kommen wir im Zuge unseres Systematisierungsversuches zum Wohnen als einer *sozio-kulturellen* Angelegenheit. Hier taucht im Hintergrund der Überlegungen das gleichzeitig viel- und nichtssagende Leitbild vom Geschmack auf und mit ihm die Berufung auf den unlogischen Satz von dessen Undiskutierbarkeit. Die Kulturwissenschaft hat schon lange erkannt und immer wieder dargelegt, daß Geschmack nicht ein von Künstlern, Zeichnern, Formgebern, Architekten, Stadtplanern und Skribenten ex cathedra diskutiertes oder erfülltes Etwas ist, das man entweder besitzt oder nicht. Nein, bei Geschmack handelt es sich um einen sozialen Prozeß, der von sozialen Kräften wie soziales Erbe, von technologischen und biologischen Faktoren, von sozialen Veränderungen und erst in letzter Linie durch individuelle Schöpfungskraft gebildet wird.

Im übrigen kann Geschmack erst dann bestimmt und ausgedrückt werden, wenn er entwickelt ist. Geschmack läßt sich nicht durch naturwissenschaftliche Gesetze beweisen noch sich mit der Natur vergleichen, weshalb übrigens auch auf in diese Richtung ausgerichtete Werbeappelle in bezug auf Einrichtungsgegenstände sinn- und nutzlos sind. Was für die Naturwissenschaft Experimente und Tests sind, sind für das Wohnen die kritische Erfassung und Erkenntnis der aus dem sozialen Prozeß entspringenden evolutionären Leitbilder, darunter unter anderem auch das des Geschmacks. Damit sei gesagt, daß es sich beim Wohnen als sozio-kultureller Angelegenheit nicht darum handelt, kunstphilosophischen Gedankengängen nachzugehen, ästhetische Normen und Werte zu formulieren oder gar Wohnmöbel-Stilkunde zu betreiben.
Wohl muß darauf hingewiesen werden, daß die Dinge, die uns umgeben – vom Nippes bis zum Wandschrank –, einen Dynamismus sui generis enthalten und die Menschen daher auch Dinge lieben. Manche lieben daran die handwerkliche Kunst, mit der sie geschaffen sind; andere begeistern sich an den der Natur ähnelnden plastischen Formstrukturen; und wieder andere sehen in ihren Wohnstätten und Einrichtungsgegenständen fast »göttliche Objekte« und treiben damit ihren Kult. Gleichwie – am Ende stehen vor uns nicht die wertvollen und die armseligen Dinge, die häßlichen und die schönen, die italienischen, skandinavischen oder bayerischen, die handwerklichen oder massenproduzierten, sondern die Beziehungen der Objekte untereinander und die unseren zu ihnen.
Als letztes kommen wir zum Wohnen als einer *soziologischen* Angelegenheit. Hier handelt es sich nicht, wie fälschlicher- und schädlicherweise allzuoft angenommen wird, um das Betreiben von Sozialgeschichte und das Erkennen von Stellung, Zustand und Ideologie einer Gesellschaft an ihren Wohnungen, ihren Einrichtungen oder ihren Stilen. Aus der Sicht des empirischen Soziologen kann es sich beim Wohnen weder um ein Bilderbuch, einen Traum oder einen Mythos handeln, sondern nur um einen sozialen Prozeß – um Verhaltensweisen, wie sie sich tagtäglich vor uns abspielen, so wie wir sie selbst mitspielen und im Alltag beobachten können. Das heißt die Frage stellen: »Warum wohnen die Menschen so, wie sie wohnen, und mit welcher Wirkung?« Durch die Erkenntnis des Warum, des Wie und der Wirkung versucht der Soziologe zu den wechselseitigen Beziehungen aller derjenigen bestimmenden Faktoren vorzudringen, die wir in systematisierender Weise als »Angelegenheiten des Wohnens« umrissen haben. Diese wechselseitigen Beziehungen lassen das Wohnen als einen sozialen Prozeß, und zwar, schlicht gesagt, als einen Prozeß zwischen den Dingen und dem Menschen oder, betonter ausgedrückt, zwischen Produzent und Konsument sehen.
Was aber, so hat die nächste dem Soziologen zu stellende Frage zu lauten, ist innerhalb dieses Prozesses das Ereignis, das tangible Faktum, das sich der Beobachtung anbietet und dadurch der Erfaßbarkeit zugänglich ist? Statistiken

über Wohnungsbau, Umsatzziffern von Einrichtungsgegenständen oder das Wohnen schlechthin sind es gewiß nicht; denn der Begriff »das Wohnen« als solcher ist so unfaßbar, so sehr Umschreibung für viele Gegebenheiten, daß damit für die wissenschaftlich-soziologische Durchleuchtung weder theoretisch noch praktisch viel anzufangen ist.

Wenn überhaupt eine »Wissenschaft vom oder des Wohnens« bzw. die Disziplin, genannt »Wohnsoziologie«, ergebnisträchtig betrieben werden soll, bedarf sie eines »bestimmten Objektes« – ein Verlangen, niedergelegt in dem grundlegenden Ausspruch des französischen Soziologen Emile Durkheim, der sagt, daß »eine Disziplin erst dann den Namen einer Wissenschaft verdient, wenn sie ein bestimmtes Objekt zu erforschen hat«.[1] Nenne man das »bestimmte Objekt« »bedeutsames Moment« oder »sozialer Tatbestand« – eine soziologische Betrachtung hat ihrer Aufgabe entsprechend den *Menschen* in seinem sozio-kulturellen Sein in den Mittelpunkt zu stellen, und zwar dergestalt, daß er nicht Mittel, sondern Zweck ist. Daher ist alles, was mit Wohnen zu tun hat, unter dem Licht der Beziehungen des Einzelwesens und der Gruppe bzw. der Gruppen zu sehen. In dieser Hinsicht gibt es nur ein Faktum, welches dem Wohnen dazu dienen kann, diese Beziehungen herzustellen, und das ist das *Wohnerlebnis*. Nur das Wohnerlebnis kann Wirkekreise herstellen, kann aktiv und sozial sein, kann Ausgangspunkt und Mittelpunkt einer Soziologie des Wohnens sein.

Wenn diese Feststellung von Wohn-, Wohnungs- und Einrichtungsanalytikern hier und da als banal und trivial abgetan wird, vergessen sie, daß ein durchschnittlich eingerichtetes Wohnzimmer, wenn unbewohnt, ebenso tot ist wie das im Schaufenster eines Möbelgeschäfts stehende teuerste und eleganteste Wohnzimmer. Zweifellos ist der soziale Tatbestand »Wohnerlebnis« ein sozio-emotionaler Bereich und schafft sozio-emotionale Wirkekreise. Aber ebenso ist es um andere sozio-emotionale Tatbestände wie Zustimmung, Ablehnung, Behauptung, Lachen, Antagonismus und andere bestellt, ohne daß sich diese der rationalen Einsicht verschließen würden. Im Gegenteil: Sie bedingen spezielle Erlebnismodi, in unserem Falle jene Erlebnisweisen, die den Bewohner veranlassen, so und nicht anders, also in der individuellen Art *seines* Wohnens zu wohnen, so und nicht anders *seine* Wohnung zu erleben.

Es geht also nicht darum, den Bogen zwischen dem Produzenten und dem Konsumenten zu spannen, wenn dieser, sagen wir, ins Warenhaus geht und sich einen Teppich, einen Stuhl oder einen Ecktisch kauft: Was uns interessiert, ist das beobachtbare Moment der *Nutzung* des Stuhles, des Ecktisches oder des Wohnzimmers als Ganzem, als Erlebnis des Wohnens. Erst von hier aus kann

1 *Emile Durkheim*, Montesquieu et Rousseau. Précurseurs de la sociologie, Paris 1953, S. 29.

der Soziologe zur Etablierung übergeordneter Regelhaftigkeiten fortschreiten, die ihm nicht nur den Begriff von dem vermitteln, was Architekten, Baugesellschaften, Möbelhändler, Einrichtungsexperten, Werbeagenturen und andere Planer (teils real, teils illusorisch) als »Wohnen« ansehen, sondern was in der Wirklichkeit des Alltags »das Wohnen« ist.
Um an diesem Punkt keinen Mißverständnissen zum Opfer zu fallen, sei noch einmal wiederholt, daß der Begriff Wohnen als solcher nichts heißen will. Eben, weil er nichts heißen will, kann die Wohnsituation – sagen wir beispielsweise »Wohnen in der Stadt« – in unserer Gesellschaft willkürlich mit Negativbildern von der verwalteten, der geformten oder der organisierten Welt ausgeschmückt werden. Billige Sozialkritik findet hier ihr saftiges Gefilde und verlegt sich angesichts ihrer Ohnmacht in letzter Instanz auf Anklagen gegen Massenproduktion, Massenkonsum, Stadt- und Wohnkulturverfall. Es wird eine Verwirrung von Traum und Wirklichkeit angerichtet, unter der insofern alle Beteiligten zu leiden haben, als sich das Wohnen dann nicht als ein sozialer Prozeß präsentiert, sondern als ein ewiges Gejammer mit Bezug auf Fragen des Angebrachten und des Erwünschten. Mit der Erkenntnis, daß in der Mitte des sozialen Prozesses das Wohnerlebnis steht, kann das empirisch sowieso nicht untersuchbare Angebrachte und Erwünschte übergangen werden, um dem *aktuellen Verhalten* der Menschen beim Wohnen in die Nähe zu gelangen.
Mit dem Begriff »Verhalten« betreten wir ein soziologisches Betätigungs- und Forschungsfeld, welches konkrete Möglichkeiten zur Durchleuchtung und Untersuchung des Wohnerlebnisses anbietet. Ohne uns hier über Einzelheiten in der »Lehre vom Verhalten« auszulassen, ist zu sagen, daß es bei dem sogenannten »Behaviorismus« darum geht, die Möglichkeiten auszuschöpfen, gewisse Beobachtungsdaten als Symptome der Existenz von Menschen an gewissen Stellen in der Gegenwart, solcher Prozesse wie dem des Wohnerlebnisses zu interpretieren. Weitaus deutlicher als bei manchen anderen menschlichen Aktionen ist die Beobachtung des Verhaltens beim Wohnen nicht einfach eine Beobachtung physischer Körper in Raum und Zeit, zumal gerade beim Wohnen bemerkbare physische Tatsachen mit psychologischen in enger Wechselbeziehung stehen. Auf der Grundlage einer Ausrichtung, die sich wie der Behaviorismus mit jedem Aspekt des Verhaltens des Einzelwesens in der Gesellschaft befaßt, erscheint es möglich, jene Distanz zwischen Produzent und Konsument zu überbrücken, die zweifellos die Wirtschaftlichkeit der Bau-, Wohn- und Einrichtungsindustrie belastet.
In gewissen Bereichen des Wohnens sind Verhaltensforschungen mit Erfolg angewandt worden. So werden beispielsweise im Kinderzimmer Gitterchen angebracht, damit sich die Kinder nicht verletzen, oder für die Küche Einrichtungen hergestellt, die verhaltensadäquate Manipulationsmöglichkeiten erlauben usw. Aber gelten derlei am Verhalten erkannte Modalitäten für alle

Teile einer Wohnung und der sie möblierenden Objekte? Bevor man sehr niedrige, einem weißen Sarg ähnelnde Betten als moderne Schlafzimmermöbel anbietet, sollten sich da die Produzenten nicht erst fragen, ob diese auch noch der Erotik beleibter Ehepaare dienlich sein können? Bevor man Plüschsofas in rauhen Mengen anbietet, die, wie es heißt, »das Verlangen nach ästhetisch reiner Form befriedigen«, sollte da nicht erst erkundet werden, ob traditionsgeleiteter Muff oder bei mit Stahl und Glas eingerichteten Wohnzimmern die klinisch saubere Ärztezimmeratmosphäre dazu geeignet sind, lesend oder fernsehend die Vielzahl der Ereignisse unserer Tage zu erfassen oder behaglich Schlagsahnetorte zu verzehren? Diese wenigen Beispiele müssen genügen, um auf den Widerspruch hinzuweisen, der zwischen dem Wohnerlebnis als verhältnismäßig erkennbarem sozialen Prozeß besteht und dem, was entweder aus Sucht nach Originalität um jeden Preis oder aus kommerzieller Notwendigkeit oder schlicht aus Unkenntnis geschieht.

Es geht beim Wohnen nicht nur um Hausformen, Fenstergrößen, Verkehrsfragen, Bevölkerungsstruktur, Bodenpolitik, Nachbarschaften und Umwelteinflüsse, sondern obendrein und vordringlich um die *Erkenntnis des normativen und aktuellen Verhaltens der Menschen beim Wohnen*. Darum wird sich eine Wohnsoziologie, die zu Recht diesen Namen tragen will, bekümmern müssen, damit das Wohnerlebnis nicht von pseudokünstlerischen Gedankengängen und selbstsüchtigen Eigeninteressen von Architekten, Entwerfern, Verkaufskanonen, kurzum aller Arten von »Planern«, überdeckt werden, die ihre Entscheidungen nach Modellen treffen, die nur ihren *persönlichen* Vorstellungen vom Wohnerlebnis entsprechen.

Da zu jeder Epoche eine enge Beziehung zwischen den Gewohnheiten, dem Geist einer Gruppe und dem Aspekt der Stätten, an denen man wohnt, besteht, gilt es der gegenwärtigen und zukünftigen Wirklichkeit geradewegs ins Auge zu blicken und nicht Mythen und Illusionen nachzutrauern, die weder dem Geist der Zeit noch einer gerade in der fortgeschrittenen Industriegesellschaft so notwendigen Erfüllung des Wohnerlebnisses gerecht werden können.

Kapitel 2

Die Ausrichtung der Studie

In den Jahren 1961/1962 führten wir eine Studie zum bundesrepublikanischen Wohnen durch, deren Ergebnisse unter dem Titel »Vom Wohnen der Deutschen« starke Beachtung fand. Sowohl die 1963 beim Westdeutschen Verlag, Köln/Opladen, erschienene Vollausgabe als auch die 1966 erschienene gekürzte Taschenbuchausgabe beim S. Fischer Verlag, Frankfurt a M. sind seit langem vergriffen.

Gegenstand der Untersuchung waren der Wohnsitz, der Wohnstandard, Einrichtungsleitbilder, das Wohnverhalten und die Wohnkultur. Die in diesem Kontext analysierten Bedürfnisstrukturen erlaubten, Aussagen über die Verwicklungen des sozialen Prozesses »Wohnerlebnis« zu machen, die geeignet waren, der *planenden Gestaltung des Wohnens* Hilfestellung zu leisten. Der erarbeitete Kenntnisstand hatte, ohne Übertreibung gesagt, weitgehende Folgen gezeitigt, die sich in Diskussionen, Kongressen und Tagungen, bei Behörden, Politikern sowie der Wohn- und Einrichtungsindustrie niedergeschlagen haben.

Inzwischen sind annähernd drei Jahrzehnte vergangen. Während dieser Zeit hat sich in einer dynamischen Gesellschaft wie der unseren manches bewegt, darunter auch Wohnen und Wohnerlebnis. Diesen gesamtgesellschaftlichen Bewegungen war nachzugehen, um festzustellen, welche Veränderungen – ob zum Guten oder Schlechten – stattgefunden haben, wozu sich eine Wiederholung der Wohnstudie aus den sechziger Jahren anbot. Gehört es doch zu einer der Aufgaben der Soziologie, Einsichten über die Dynamik sozialer Prozesse und dem damit verbundenen sozialen Wandel und seinen Folgen zu erkunden und zu verdeutlichen, auf daß zum einen gesellschaftliche Konflikte vermieden werden können (beispielsweise kulturelle Verspätung[2]), zum anderen sich Konsum- und Dienstleistung, in Umrissen gesagt, dem Wandel anpassen können.

Was den »sozialen Wandel« betrifft, dem nachzugehen wir uns vorgenommen haben, wird dieser in der soziologischen Fachliteratur kurz als »Veränderung

2 Siehe hierzu *W. F. Ogburn*, Social Change, New York 1922; *Norbert Elias*, Über den Prozeß der Zivilisation, 2. Aufl., Bern, München 1969, u. a. m.

der quantitativen und qualitativen Verhältnisse und Beziehungen zwischen den materiellen und normativ-geistigen Zuständen, Elementen und Kräften in einer Sozialstruktur« umschrieben.[3] Diese in Normen eingebundenen Elemente und Kräfte beziehen sich auf Werte, Verhaltensregeln, Symbole und kulturelle Produkte, womit gesagt ist, daß sich sozialer Wandel in erster Linie auf das aktuelle menschliche Verhalten bezieht. Einbezieht man in den sozialen Wandel auch den kulturellen, dann wird auf kulturell bedeutungsvolle, von Menschen erzeugte Symbole Bezug genommen.[4] Wir wenden uns dem sozialen Wandel als einem gesellschaftlichen Element zu, um zur Erkenntnis von Ursachen und Entwicklungstendenzen für Prozesse der Herausbildung neuer sozialer und kultureller Eigenschaften zu gelangen sowie zur Erklärung von Wandlungskräften – immer bezogen auf das Wohnerlebnis, welchselbes die folgenden Begriffsverknüpfungen umfaßt:

1. Das Wohnerlebnis betont als bedeutsames Moment des Wohnens die Beziehungen des einzelnen und der Gruppe, d. h. die Interdependenz des Individuums und der Gesellschaft, in der das Wohnen stattfindet.
2. Das Wohnerlebnis ist aktiv und sozial. Es beinhaltet einen die Erlebniswelt bedingenden sozio-emotionalen Bereich, der den Menschen veranlaßt, so und nicht anders zu wohnen, so und nicht anders das Wohnen zu erleben.
3. Die Erlebnisse des Wohnens beinhalten Einstellungen, Haltungen und Verhaltensweisen, die der rationalen Analyse zugänglich sind.
4. Das Wohnerlebnis ist als soziologisches Phänomen ein sozialer und individueller Tatbestand, der »das Wohnen« aus seiner unspezifizierten Allgemeinbedeutung herauslöst.

Unter Beachtung dieser Prämissen galt es, einen anzunehmenden sozialen Wandel im Wohnen der westdeutschen Bevölkerung innerhalb der letzten 30 Jahre zu erfassen. Hierzu waren die folgenden globalen Fragestellungen soziologisch zu durchleuchten:

- Wie sieht das Wohnerlebnis und damit das Wohnverhalten heute aus?
- Welche Bedürfnisse werden 1989 in der Wohnsituation Westdeutschlands befriedigt und welche nicht?
- Inwieweit entsprechen die in der Öffentlichkeit propagierten Leitbilder, z. B. durch Werbeappelle für Einrichtungsgegenstände, dem aktuellen Wohnverhalten und den Wohnbedürfnissen?
- Zeigen sich Veränderungen im Wohnerlebnis, und wenn ja, in welcher Beziehung stehen sie zum sozialen und kulturellen Wandel?

3 *Günter Hartfiel und Karl Heinz Hillmann,* Wörterbuch der Soziologie, Stuttgart, 3. Aufl., 1972, S. 800.

4 Cf. *Wilbert E. Moore,* Artikel »Social Change«, in: *David L. Sills* (Hrsg.), International Encyclopedia of the Social Sciences, New York 1968, Vol. 14, S. 366.

– Welches sind die wichtigsten Elemente der gegenseitigen Beeinflussung von Gesellschaftsstruktur und Wohnerlebnis?

Insgesamt wird bei der Behandlung des umfassenden gesellschaftlichen Phänomens, genannt »das Wohnen«, *stets der Mensch in seiner Eigenschaft als Bewohner* in die verschiedenen Fragekomplexe einzubringen sein. Denn:

– Wohnen ist individuell. Jeder wohnt irgendwie für sich persönlich, intim, abgegrenzt. Niemand ist beim Wohnen völlig in eine größere Einheit eingebettet.
– Wohnen ist sozial. Abgesehen vom Einsiedler wohnt niemand völlig isoliert; denn aufgrund der sich historisch entwickelten Wohnraumzusammenballungen findet Wohnen in der Praxis gemeinschaftlich statt.
– Die biographisch erlebte Wohnsituation beeinflußt das Selbstkonzept der Identität des Bewohners.
– Die Notwendigkeit, Praxis des Wohnens mit dem persönlichen Selbstkonzept in Einklang zu bringen, verschafft der Gesellschaft, der Politik und der Wirtschaft Möglichkeiten der Beeinflussung der Individuen bis hinein in den intimsten Privatbereich. Dementsprechend präsentiert sich Wohnen als einer der Lebensbereiche, in denen Spannungen zwischen persönlicher Identität und gesellschaftlicher Struktur auf den einzelnen wirksam sind.

Kapitel 3

Das Forschungsinstrumentarium

Zur Erfassung der Wohnsituation, der Wohnbedürfnisse, der propagierten Wohnleitbilder und ihrer Wirkungsweisen sowie der Frage nach Veränderungen des Wohnerlebnisses in Westdeutschland wurden zwei Methoden der empirischen Sozialforschung eingesetzt:

1. eine repräsentative Interviewbefragung der westdeutschen Bevölkerung;
2. eine systematische Inhaltsanalyse der Einrichtungswerbung in Zeitschriften, Katalogen und Prospekten von Möbelherstellern.

1. Die repräsentative Interviewbefragung

Grundlage der Befragung war der im Anhang Abb. 1 (S. 143) wiedergegebene Fragebogen. Er ermöglichte eine standardisierte Auswertung sowie die Vergleichbarkeit aller Daten.
Die Ziehung der Stichprobe und die Auszählung der erhobenen Daten mit Hilfe elektronischer Datenverarbeitung erfolgte in Zusammenarbeit mit dem EMNID-Institut GmbH & Co., Bielefeld. Die Stichprobe war repräsentativ für die Gesamtheit der erwachsenen Bevölkerung in Westdeutschland im Alter von 20 Jahren und mehr.
Die Befragung erfolgte in Form mündlicher Interviews in der Zeit vom 22. Februar bis 22. März 1989. Sie erstreckte sich auf das gesamte westdeutsche Bundesgebiet einschließlich West-Berlin. Insgesamt wurden n = 1422 Interviews durchgeführt. Die soziodemographische Struktur der Stichprobe zeigt Abb. 2 im Anhang (Seite 155).
Die Ergebnisse der Befragung wurden mit Hilfe der EDV-Großrechenanlage IBM 4331 ausgezählt und aufbereitet. Die Auswertungsarbeit beinhaltete die Vercodung von Antworten auf offene Fragen im Fragebogen, die Übertragung auf Datenbank mittels eines Belegleseverfahrens und die faktorielle Gewichtung der Daten, um üblicherweise auftretende Über- bzw. Unterrepräsentation bestimmter soziodemographischer Gruppen auszugleichen.
Da bei dem für unsere Zwecke anzuwendenden Random-Route-Verfahren die Zieleinheiten Haushalte waren, erfolgte die Umgewichtung in eine Personen-

stichprobe. Beide Gewichtungen stellten sicher, daß die der Auswertung zugrundeliegende Stichprobe in ihrer Zusammensetzung der Struktur der Grundgesamtheit entsprach. Demzufolge können die vorliegenden Untersuchungsergebnisse (im Rahmen der statistischen Fehlertoleranzen) als repräsentativ gelten und auf die Grundgesamtheit verallgemeinert werden.

2. Die systematische Inhaltsanalyse

Zu Zwecken der Erfassung der über Medien propagierten Wohnleitbilder, die zur Verbreitung gesellschaftlicher Normierung des Wohnerlebnisses dienen, bedienten wir uns der systematischen Inhaltsanalyse.[5] Um hierfür eine systematische Stichprobe ziehen zu können, mußte die Grundgesamtheit, d. h. alle in irgendwelchen der vielen Medien vorkommenden Wohnleitbilder, reduziert werden. Da die Einrichtungswerbung mittels Zeitschriftenanzeigen, Herstellerkatalogen und -prospekten den am deutlichsten auf die Konsumenten zugeschnittenen Appell aufzeigen und sich dementsprechend einer standardisierten Analyse am ehesten anboten, wurde die inhaltsanalytische Erhebung auf die Druckmedien ausgerichtet. Die Propagierung von Wohnleitbildern im redaktionellen Teil von Zeitschriften wurde ebenso ausgelassen wie Sendungen in Rundfunk und Fernsehen.
Unter den *Zeitschriften* wurden zur Analyse die kompletten Ausgaben (März bis September 1988) von sieben im Handel frei zugänglichen Zeitschriften herangezogen. Als Auswahlkriterien dienten uns die anzunehmenden verschiedenen Rezipientengruppen, also: a) Zeitschriften zum Wohnen, zur Wohngestaltung und Einrichtungsästhetik; b) Frauenzeitschriften mit festem redaktionellem Teil zum Wohnen; c) Publikumszeitschriften und/oder Illustrierte. Bei der Auswahl der speziellen Wohnzeitschriften wurde von den folgenden Kriterien ausgegangen: a) billige, hohe Auflage, inhaltlich breit; b) mittlerer Preis und Auflagenhöhe, teilweise stil- und kunstästhetisch orientiert; c) teure, niedrige Auflagenhöhe, wohnästhetische Ansprüche.
Es wurden analysiert:
- »Wohnidee, Wohnen und Leben«, Verlag Bauer, Hamburg, monatliche Erscheinungsweise, Auflage: 335 400, Preis pro Heft: 3,50 DM
- »Schöner Wohnen«, Verlag Gruner + Jahr, Hamburg, monatliche Erscheinungsweise, Auflage: 480 300, Preis pro Heft: 4,80 DM
- »architektur und wohnen«, Jahreszeiten-Verlag, Hamburg, sechsmal jährliche Erscheinungsweise, Auflage: 150 000, Preis pro Heft: 14,– DM

5 Ausführlich zu dem Forschungsansatz »Systematische Inhaltsanalyse«, siehe *Alphons Silbermann*, in: *René König* (Hrsg.), Handbuch der empirischen Sozialforschung, 3. Aufl., Stuttgart 1974, Band 4, S. 253 ff.

- »freundin«, Verlag Burda, München, Offenburg, 14tägliche Erscheinungsweise, Auflage: 1 064 500, Preis pro Heft: 3,– DM
- »Brigitte«, Verlag Gruner + Jahr, Hamburg, 14tägliche Erscheinungsweise, Auflage: 1 400 700, Preis pro Heft: 3,– DM
- »Stern«, Verlag Gruner + Jahr, Hamburg, 14tägliche Erscheinungsweise, Preis pro Heft: 3,50 DM
- »Bunte«, Verlag Burda, München, Offenburg, 14tägliche Erscheinungsweise, Preis pro Heft: 3,– DM.

Zur Kontrolle wurden einzelne Exemplare aus einer Gesamtliste aller im Handel zugänglichen Wohnzeitschriften herangezogen.

Die für die Gesamtanalyse notwendigen *Kataloge und Prospekte* erhielten wir auf Anfrage bei führenden Möbelherstellern, deren Anschriften einer eigens zusammengestellten Liste nach dem Zufallsprinzip entnommen wurden, und zwar in Quotierung hinsichtlich der regionalen Verteilung. Insgesamt standen Prospekte und Kataloge von 65 Möbelherstellern in Westdeutschland zur Verfügung.

Die Erhebung der Daten der Inhaltsanalyse, die Vercodung und die Übertragung auf Datenband für die EDV-Auswertung erfolgten von Juli 1988 bis Februar 1989. Die Auszählung, Aufbereitung und Erstellung von Tabellen wurden mit Hilfe einer EDV-Großrechenanlage im SPSS-Verfahren geleistet.

Die Gesamtzahl der analysierten Werbeeinheiten der inhaltsanalytischen Erhebung betrug: n = 676.

Kapitel 4

Wohnformen – Haushaltsgrößen – Wohndauer

Von Zeit zu Zeit werden angesichts von Wohnungsknappheit, steigenden Mietpreisen, neuen Haushalts- und Lebensformen und anderen Marktzugangsproblemen Alternativen für das Wohnen in die Diskussion gebracht, die von Gemeinschaftswohnen über Wohnanlagen bis zu Wohnnachbarprojekten reichen. Indem ausgerufen wird, die Einheitswohnung für die Standardfamilie sei längst überholt, machen sich Architekten, Baumeister und Bauunternehmer Sorgen um neue Wohnformen, die sie, gleichermaßen sozial und kaufmännisch denkend, unter die Parole »Die Notwendigkeit menschenmäßigen Bauens« stellen.

Es versteht sich, daß derlei visionäre Lösungsversuche nach Eckdaten verlangen, die der Entwicklung im Wohnbereich einigermaßen gerecht werden, vor allem, wenn »neue Wohnformen« propagiert und ausprobiert werden sollen.

Wie die im Anhang Abb. 2 (Seite 155) angeführte soziodemographische Struktur unserer Befragungsstichprobe zeigt, besteht weit über die Hälfte der westdeutschen Haushalte aus zwei bis drei Personen (zwei Personen: 35 %; drei Personen: 24 %); der Ein-Personen-Haushalt liegt mit 15 % unter dem Vier-Personen-Haushalt mit 19 %.

Diese schon öfter erhobene Haushaltszusammensetzung ist allerdings für »neues Bauen und Wohnen« ebenso wie für unsere Zwecke erst dann aussagekräftig, wenn die Verteilung der Personenzahl pro Haushalt auf Alter, Haushaltseinkommen und Raumanzahl bezogen wird, wie *Tabelle 1* auf Seite 24 zeigt.

Beim Vergleich der Daten für den Ein-Personen-Haushalt (immer bezogen auf Alter, Haushaltsnettoeinkommen und Raumanzahl) zeigt sich, daß die Majorität bei den niedrigen Haushaltseinkommensgruppen und der geringsten Zahl verfügbarer Räume liegt. Der Ein-Personen-Haushalt ist also finanziell eingeschränkter, was nicht notwendigerweise mit einer geringeren Wohnqualität verbunden sein muß.

Die Altersstruktur weist zwei Spitzen auf: bei den jungen und den älteren Menschen; die Majorität der Befragten in Haushalten mit drei und mehr Personen bewegt sich in der Altersgruppe zwischen 30 und 50 Jahren.

Weiterhin ist anzuführen, daß es sich bei der Majorität der Zwei-Personen-

Tabelle 1: **Personenzahl im Haushalt bezogen auf Alter, Haushaltsnettoeinkommen und Raumanzahl**

	total %	Alter 20–29 Jahre %	30–39 Jahre %	40–49 Jahre %	50–59 Jahre %	60 + Jahre %	Raumanzahl 1–3 %	4–6 %	7–9 %	10+ %
1 Person	15	22	11	7	7	23	75	21	3	2
2 Person.	35	24	16	18	44	60	24	44	26	19
3 Person.	24	26	28	29	30	15	–	21	30	30
4 Person.	19	19	34	34	15	2	2	11	30	29
5 und mehr	7	9	11	13	3	–	–	3	11	19
K. A.	–	–	–	–	–	–	–	–	–	–
Summe	100	100	100	100	100	100	100	100	100	100
100 % =	1422	284	226	270	236	405	51	760	500	110

	total %	Haushaltsnettoeinkommen (in DM) –1500 %	1500–2500 %	2500–3500 %	3500–5000 %	5000+ %
1 Person	15	60	30	5	2	2
2 Person.	35	22	39	46	30	17
3 Person.	24	9	18	24	35	35
4 Person.	19	8	10	19	21	35
5 und mehr	7	*	3	6	12	11
K. A.	–	–	–	–	–	–
Summe	100	100	100	100	100	100
100 % =	1422	125	346	322	276	162

* = Prozentwerte unter 1 %; K. A. = Keine Angabe

Haushalte um kinderlose Ehen handelt; bei der Majorität der Haushalte mit mehr als drei Personen um Familien, meist verheiratete Paare mit Kindern. Cirka 20 % der Befragten aus Zwei-Personen-Haushalten gaben an, unverheiratete Paare und Paare geschiedener Personen, jeweils mit und ohne Kind(er), zu sein.

Insgesamt zeigte sich, daß »neue Wohnformen« in der westdeutschen Wohnlandschaft nur eine geringe Rolle spielen. So konnten sich 35 % der in Drei- bis Vier-Personen-Haushalten Lebenden mit keiner der Antwortvorgaben (beispielsweise mit Begriffen wie Wohngemeinschaft) zu der Frage nach der Wohnform identifizieren: Wohngemeinschaften kamen in der Befragung auf nur 2 %.

Da Haushaltsgrößen und Wohnformen (alte oder neue) in enger Verbindung mit der *Wohndauer* und diese wiederum mit Aspekten des Wohnerlebnisses stehen, indem sie das Einrichtungsverhalten beeinflussen, stellten wir die Frage: »Seit wieviel Jahren wohnen Sie in dieser Wohnung?« (Siehe Fragebogen im Anhang, Frage 2.)

Von den Grunddaten ausgehend, zeigte sich, daß mit 54 % über die Hälfte der Befragten länger als zehn Jahre bereits in der gleichen Wohnung lebt. Die *Totalverteilung* der Wohndauer weist hierbei zwei Spitzen auf: die eine liegt mit 23 % bei ein bis fünf Jahren, die andere mit 28 % bei über 20 Jahren. Die niedrigste Stelle zwischen den beiden Spitzenwerten wird von der 16- bis 20jährigen Wohndauer eingenommen. Auf das Alter bezogen, zeichnete sich ab, daß bis zum 40. Lebensjahr Umzüge die Regel sind, aber einmal vollzogen, ab dem 40. Lebensjahr immer unwahrscheinlicher werden.

Eine Gegenüberstellung von Wohndauer und Wohnformen macht deutlich, daß die bis zum 40. Lebensjahr reichenden Umzüge (damit u. a. verbunden Einrichtungsübernahme und/oder Neueinrichtung) mit der Loslösung vom Elternhaus und der Gründung eigener Lebensformen wie Familie oder Partnerschaft in Verbindung stehen: Es weisen die Zwei-Personen-Haushalte als größte Befragtengruppe zusammen mit den Herkunftsfamilien, der kleinsten Befragtengruppe, die jeweils größte Beständigkeit auf, wohingegen Familien durch die Anwesenheit von Kindern sowie die Ein-Personen-Haushalte (bei ihnen handelt es sich vor allem um über 60jährige oder unter 40jährige) deutlich geringere Wohndauerzeiten in der jetzigen Wohnung aufweisen.

Bemerkenswert ist noch, daß die Befragtengruppe derjenigen, die länger als zehn Jahre in ihrer Wohnung leben, zur Hälfte mit 28 % *aller* Befragten bereits länger als 20 Jahre dort angesiedelt sind.

Die relative Beständigkeit der Wohndauer inmitten der einzelnen Gruppierungen läßt erkennen, daß innerhalb der westdeutschen Gesellschaft wenig Bewegungsvorgänge in sozialer und regionaler Hinsicht stattfinden. Soziale Mobilität scheint nur durch familien- oder schichtenspezifische Traditionen und Zeitumstände bedingt zu sein, nicht aber, wie beispielsweise in den USA, durch Wechsel des Arbeitsplatzes, des Betriebes oder der beruflichen Position mit entsprechenden Einkommenschancen.

Die Arbeitsämter wissen hiervon ein Lied zu singen, wenn, sagen wir, dem in Lüdenscheid wohnenden arbeitslosen Angestellten eine günstige Stellung in Augsburg angeboten wird und er diese mit Begründungen wie Heimatgebundenheit oder Wohnungseinrichtung ablehnt. Der zur Zeit in Boston lebende Angestellte hingegen wird bei einem günstigen Angebot jederzeit bereit sein, nach Houston umzuziehen, und zwar, wie sich gezeigt hat, unbelastet durch seine Wohnungseinrichtung. Denn da Wohnungseinrichtungen in den USA im Durchschnitt höchst uniform sind, lohnt es sich nicht, sie mitzuschleppen: Was in Boston verkauft oder hinterlassen wird, wird in Houston fast unverändert wieder angeschafft. Sogenannte »Wegwerfmöbel« stehen mit sozialer Mobilität in engster Verbindung.

Kapitel 5

Der Wohnstandard

1. Eigentumsverhältnisse

Vom Statistischen Bundesamt in Wiesbaden werden alljährlich Angaben über die Anzahl der Baugenehmigungen veröffentlicht, aufgeteilt nach Mietwohnungen, Eigentumswohnungen und Eigenheimen. Von den insgesamt 276 000 Genehmigungen galten im Jahre 1989 48500 dem Bau von Mietwohnungen, 52 600 der Errichtung von Eigentumswohnungen und 141 000 der von Eigenheimen, d. h. mehr als die Hälfte. Die Wohnstandard-Indikatoren sind ersichtlich die gleichen, die wir durch die Erkundung der aktuellen Wohnsituation erfassen konnten, indem wir das Wohnen zur Miete nebst Untermiete und das Wohnen im Eigentum (Haus und Eigentumswohnung zusammengefaßt) erfragten und miteinander verglichen.

Vom Gesamt der Befragten wohnten 54 % zur Miete, zusammengesetzt aus 51 % Miete und 3 % Untermiete, und 45 % im Eigentum, zusammengesetzt aus 40 % eigenes Haus und 5 % Eigentumswohnung. Diese Ziffern, zusammen mit den vom Statistischen Bundesamt vorgelegten, verweisen auf eine Eigentumsideologie, die aus Gründen, auf die später einzugehen sein wird, in Westdeutschland vorherrscht: Das eigene Haus wird der Eigentumswohnung und der Mietwohnung vorgezogen. Um diese Aussage inhaltlich zu vertiefen, brachten wir sie mit den Antworten der Befragten bezüglich Alter, Wohnstandard, Haushaltsnettoeinkommen und Raumanzahl in Verbindung, woraus die hier vorgelegte *Tabelle 2* entstanden ist. Zusammengefaßt läßt sich daraus das Folgende ablesen:

Mit steigendem *Alter* nimmt der Anteil des Eigentums zu. In der Gruppe der 50- bis 59jährigen verzeichnet sich gar eine Umkehrung zum Totalverhältnis, indem der Anteil des Eigentums mit 58 % größer als der Mietanteil mit 40 % ist. Diese Tendenz, ebenso wie die ausgewiesene Annäherung der über 60jährigen an die Totalwerte verweist auf die Abfolge verschiedener Lebensphasen, die mit der Entstehung, Veränderung und Auflösung einer Familie gegeben sind, und damit auf den Zusammenhang zwischen Eigentum und Haushaltsgröße. Denn es zeigte sich, daß sich bei Haushalten ab drei und mehr Personen das Verhältnis von Miete und Eigentum zu der Verteilung bei

Tabelle 2: **Wohn-Eigentumsverhältnisse**

	Miete:	Eigentum:
total:	54 %	45 %
Alter:		
20–29 Jahre	65 %	35 %
30–39 Jahre	62 %	37 %
40–49 Jahre	52 %	47 %
50–59 Jahre	40 %	58 %
60 Jahre und älter	52 %	49 %
Wohnstandard:		
unterdurchschnittlich:	67 %	34 %
durchschnittlich:	58 %	41 %
überdurchschnittlich:	36 %	64 %
Haushaltsnettoeinkommen:		
bis unter 1500,– DM:	73 %	25 %
bis unter 2500,– DM:	64 %	36 %
bis unter 3500,– DM:	61 %	38 %
bis unter 5000,– DM:	48 %	51 %
5000,– DM und mehr:	25 %	74 %
Raumzahl:		
1–3 Räume:	90 %	10 %
4–6 Räume:	73 %	26 %
7–9 Räume:	32 %	68 %
10 und mehr Räume:	11 %	88 %

Haushalten mit ein bis drei Personen umkehrte. Überdies fand sich eine steigende Zahl von im eigenen Haus lebenden Befragten, die jeweils größer war als der entsprechende Mieteranteil.

Die Daten zum *Wohnstandard* weisen einen deutlichen Vorteil des Eigentums auf: Die Einschätzung »überdurchschnittlich« findet sich häufiger bei Eigentum als bei Miete (64 % zu 36 %), während der Schwerpunkt bei den Einschätzungen »durchschnittlich« und »unterdurchschnittlich« jeweils beim Mietwohnen auftritt.

Was die *Raumanzahl* angeht, fallen vier bis sechs Räume große Wohnungen (Bad, Flur, Küche mitgezählt), in denen die größte Gruppe der Befragten wohnt, mit 73 % in die Rubrik »Mietwohnungen«, während sieben bis neun Räume bietende Wohnungen zu 68 % in die Rubrik »Eigentum« einzureihen sind. So logisch, wenn nicht gar trivial diese Erkenntnis auch anmutet, indiziert sie jedoch eine Art Zwangszustand, indem der Erwerb von Eigentum um so notwendiger wird, je größer sich der Raumbedarf für den Haushalt erweist.

Die Korrelation des Eigentums mit dem zur Verfügung stehenden *Haushaltsnettoeinkommen* zeigt bis einschließlich der Gruppe mit einem Einkommen bis maximal 3500,– DM monatlich einen Überhang des Mietverhältnisses, während ab 3500,– DM Haushaltsnettoeinkommen das Eigentum überwiegt.

2. Raumanzahl und Raumfunktionen

Ein weiterer Aspekt des Wohnstandards ist die Zahl der in einer Wohneinheit zur Verfügung stehenden Räume und der sich daraus ergebenden Funktionszuweisungen, soweit diese nicht, wie z. B. bei Küche, Bad und oft auch Schlafzimmer, von vornherein durch Konstruktion und Bausubstanz festgelegt sind. Rein hypothetisch gesehen, lassen sich drei Raumaufteilungsentwürfe unterscheiden:

- eine funktionsorientierte Raumaufteilung, wie sie sich in ihrer extremsten Form bei Ein-Personen-Haushalten zeigt;
- eine personenorientierte Raumaufteilung, wie sie in ihrer deutlichsten Form in Mehr-Personen-Haushalten (Familie, Wohngemeinschaften) zu vermuten ist; und
- Zwischenstufen und Mischungen der beiden Aufteilungsanordnungen.

Der Gesamtdurchschnittswert der Raumanzahl der Wohnungen aller Befragten betrug 6,52, das heißt: Die größte Gruppe der Befragten in Westdeutschland wohnt, mit Einschluß von Küche, Bad und Flur, in Wohnungen mit sechs bis sieben Räumen. Bleiben also in der Durchschnittswohnung drei bis vier Räume, denen die Bewohner Funktionen als Wohn-, Schlaf-, Arbeits-, Kinderzimmer oder anderes zuweisen können. Vertieft man diese Erkenntnis durch eine Korrelation mit Alter, Personen und Kinder im Haushalt, Haushaltsnettoeinkommen und Einschätzung des Wohnstandards, ergibt sich das in *Tabelle 3* aufgezeigte Bild.

Wenn, wie *Tabelle 3* zeigt, der Raumanzahl-Durchschnittswert bei den mittleren Altersgruppen mit 7,04 seinen Höhepunkt erreicht und der Unterschied zwischen Haushalten ohne und mit Kindern sowie derjenige zwischen Zwei-Personen- und Drei- bis Vier-Personen-Haushalten im Durchschnitt jeweils einen ganzen Raum ausmacht (0,99 und 1,02), lassen sich daran die Zusammenhänge mit dem Ablauf des Familienzyklus erkennen (Entstehung, Veränderung und Auflösung einer Familie).

Die Antworten auf die im vorliegenden Zusammenhang gestellte Frage nach den Bezeichnungen der zur Wohnung gehörenden Räume (»Welche Räume gehören alle zu Ihrer Wohnung? Bad, Küche, Flur zählen auch als Räume«, Frage 4 im Fragebogen, siehe im Anhang) zeigten, daß die sechs bis sieben Räume große Durchschnittswohnung der meisten Befragten (6,52) umfaßt: Küche, Bad, Flur, Wohnzimmer, Elternschlafzimmer, Kinder-/Jugendzimmer

Tabelle 3: **Raumanzahl-Durchschnittswerte**

total	6,52		
Alter:		*Haushaltsnettoeinkommen:*	
20–29 Jahre	6,15	bis unter 1500,– DM:	5,43
30–39 Jahre	6,88	bis unter 2500,– DM:	5,77
40–49 Jahre	7,04	bis unter 3500,– DM:	6,40
50–59 Jahre	6,87	bis unter 5000,– DM:	7,09
60 Jahre und älter	6,02	5000,– DM und mehr:	8,20
Wohnstandard:		*Personen im Haushalt:*	
unterdurchschnittlich	5,71	1 Person	4,79
durchschnittlich	6,50	2 Personen	6,14
überdurchschnittlich	7,36	3–4 Personen	7,16
		5 und mehr Personen	8,26
Kinder im Haushalt:			
Ja	7,21		
Nein	6,22		

und/oder einen Raum, dessen Funktion zwischen Gästezimmer, Arbeitszimmer, Büro, Freizeitraum variiert. Bleibt zu erwähnen, daß die Streuung der Funktionszuweisungen bei kinderlosen Haushalten kleiner als bei Haushalten mit Kindern ist, überdies bei zunehmender Gesamtpersonenzahl stetig ansteigt.
Wie bereits im Abschnitt 1 dieses Kapitels angedeutet, zeigen die Daten, daß eine geringere Personenzahl und kinderloser Haushalt nicht schlechthin eine breitere Streuung der Funktionen und eine höhere Anzahl der Räume begünstigt, sondern daß umgekehrt das Vorhandensein mehrerer Personen und/oder Kinder mehr Räume nötig macht, darüber hinaus auch noch gänzlich andere Raumfunktionen erschließen läßt. Zum Beispiel steigt das Vorhandensein eines Raums mit speziellen Funktionen für Freizeitaktivitäten mit Zunahme der Personenzahl von 2 % im Ein-Personen-Haushalt auf 14 % im Drei- bis Vier-Personen-Haushalt. Dementsprechend steigt auch die Gesamtstreuung der Raumzuweisungen an.

3. Technische Haushaltsgeräte und Medien

Das Vorhandensein von im Haushalt verfügbaren Techniken wird in den gängigen Betrachtungen des Wohnens als ein Faktor zur Messung des Wohnstandards benutzt. Öfter auch werden die aus diesem Bereich kommenden Daten zur Beschreibung der nur schwer objektivierbaren Wohnqualität benutzt, bei der nach unseren Erkenntnissen eher die *subjektiv* empfundene Wohnzufriedenheit eine wesentlichere Rolle spielt als die hier abzuhandelnden materiell objektivierten Indikatoren. Indes, schon allein weil der Gesetzgeber

bei der Festlegung des amtlich nicht pfändbaren Einrichtungsminimums von einem auf diese Weise festgestellten Wohneinrichtungsstandard ausgeht, ist die Bedeutung der *objektiven* Daten über verfügbare Techniken für den Alltagsvollzug des uns interessierenden Wohnerlebnisses einsichtig.
Die hier folgende *Tabelle 4* zeigt die *Rangliste* vorhandener Geräte, wie sie sich aus den Prozentverteilungen in unserer Stichprobe ergab.

Tabelle 4: **Technische Haushaltsgeräte und Medien**

Kühlschrank	94 %	Nähmaschine	58 %
Fernseher	94 %	Videogerät	44 %
Staubsauger	92 %	Hi-Fi-Anlage ohne CD-Player	37 %
Waschmaschine	91 %	Wäschetrockner	27 %
Bügeleisen	91 %	Mikrowellenherd	27 %
kleine Küchenmaschinen	88 %	Wäscheschleuder	23 %
Elektrokochherd	87 %	Hi-Fi-Anlage mit CD-Player	22 %
(Gaskochherd	12 %)	Bügelmaschine	17 %
Telefon	85 %	Home-Computer/PC	11 %
Radio	79 %	sonstige Filmkamera	10 %
Fotoapparat	73 %	Videokamera	6 %
Gefrierschrank/-truhe	69 %	Anrufbeantworter	4 %

Setzt man 75 % als einen Grenzwert ein und betrachtet daraufhin, was *mindestens* dreiviertel aller westdeutschen Bundesbürger an technischen Haushaltsgeräten und Medien zur Verfügung haben, dann ergibt sich nach der obigen Rangliste für 1989 ein technischer Einrichtungsstand, der mindestens einen Kühlschrank, einen Fernseher, einen Staubsauger, eine Waschmaschine, ein Bügeleisen, diverse kleine Küchenmaschinen (elektr. Mixer, Toaster etc.), einen Elektrokochherd, Telefon und Radio aufweist. Eine Mischung von Haushaltsgeräten (Kühlschrank) und medientechnischen Geräten (Fernseher) zeigt sich paritätisch mit 94 % in der höchsten Position der Rangliste, was bedeutet, daß in unserer Gesellschaft medientechnische Geräte zu Einrichtungsgegenständen geworden sind, die sozusagen zum Existenzminimum gehören. Inwieweit sie das Wohnerlebnis beeinflussen oder gar bestimmen, wird später zu behandeln sein.
An dieser Stelle ist zunächst noch der Frage nachzugehen, über welche sozialen Gruppen neuere technische Geräte wie Videorecorder, CD-Player, Mikrowellengeräte, Gefriertruhe/-schrank etc. ihren Einzug in das Wohnerlebnis gehalten und dort einen festen Platz erreicht haben. Um diesen Vorgang zu erfassen, wurden *Sozialprofile* erstellt, bei denen Geschlecht, Alter, Bildung, Kinder im Haushalt, Personenzahl pro Haushalt, Wohnstatus, Haushaltsnettoeinkommen und Raumanzahl zusammengeführt wurden. Hierdurch ließ sich unter anderem erkennen, daß es sich bei der Aussage von kritischen Medienpädagogen, nach denen die unteren Sozialschichten stärker als die oberen von einem Videoboom

und einem damit verbundenen hohen Medienkonsum erfaßt seien, um ein unhaltbares soziales Vorurteil handelt.
Aufschlußreich ist in diesem Zusammenhang auch die Korrelation zwischen Videobesitz und dem Vorhandensein von Kindern im Haushalt: 61% der Befragten mit Kindern im Haushalt gaben an, ein Videogerät zu besitzen, während nur 36 % der Befragten ohne Kinder diese Aussage machten. Das Vorhandensein von Kindern ist allerdings nicht sozialschichtmäßig orientiert; denn die entsprechenden Daten ergeben lediglich eine leichte Konzentration bei den mittleren Einkommensgruppen, verteilen sich ansonsten recht gleichmäßig:

unter	1500,– DM:	15 % Befragte aus Haushalten mit Kindern
bis	2500,– DM:	24 % Befragte aus Haushalten mit Kindern
bis	3500,– DM:	35 % Befragte aus Haushalten mit Kindern
bis	5000,– DM:	33 % Befragte aus Haushalten mit Kindern
über	5000,– DM:	28 % Befragte aus Haushalten mit Kindern

Kapitel 6

Die Wohnräume

Ebenso wie sich Wohnen im Raum von Aufenthalt im Raum unterscheidet, sind auch an die Funktionen eines Raumes und die Bewertung eines Raumes unterschiedliche Maßstäbe anzulegen. Nun läßt sich gut sagen, daß sich je nach Raumanzahl, Alter, Einkommens- und Haushaltsgröße und vor allem je nach überkommenen oder modernistischen Einrichtungs- und Verhaltensnuancen das Leben in der Wohnung mit aller Wahrscheinlichkeit im Wohnzimmer abspielt, möglicherweise aber auch in der Küche, im Arbeitszimmer usw. Auf derlei Vermutungen können wir uns angesichts der Ausrichtung unserer Studie auf das Wohnerlebnis nicht einlassen. Wir haben deshalb einen Raum zu bestimmen, der zur Detailanalyse heranzuziehen ist und Einblick in das Wohnverhalten und den damit verknüpften Bewertungen durch die Bürger gewährt.
Um die hierzu erforderlichen Daten zu erhalten, bedienten wir uns eines Trichterverfahrens, das nacheinander bestimmt: den tagsüber von allen Bewohnern am meisten genutzten Raum, den für die einzelnen Befragten persönlichsten und den Raum, der allgemein als der wichtigste angesehen wird.

1. Raum höchster Nutzung

Die Frage »Welcher Raum der Wohnung – einschließlich der Küche – wird von allen Bewohnern tagsüber am meisten genutzt?«[6] ergab die folgende Rangliste der Wohnräume:

1. Wohnzimmer	53 %
2. Küche	31 %
3. Wohn-Eßzimmer	19 %
4. Bad und Schlafraum	je 6 %
5. Flur/Diele	5 %
6. Arbeits-/sonstiger Raum	je 2 %

6 Siehe Fragebogen im Anhang, Frage 5.

Hierzu ist anzumerken, daß bei keiner der Befragtengruppen die deutliche Vormachtstellung des Wohnzimmers abgelöst wurde, wohl aber sich ein wenig bedeutsamer geringer Wechsel zwischen der Position von Küche und Wohn-Eßzimmer ergab. Ferner: Da Mehrfachnennungen möglich waren, erschien das Wohn-Eßzimmer öfter als Zweitnennung, muß also in vielen Fällen als zumindest teilweise zum Wohnzimmer gehörend verstanden worden sein, was die Position des Wohnzimmers eher erhärtete als gefährdete.
Die Küche, die im Gegensatz zum Wohnzimmer ein funktional recht eindeutig festgelegter Raum ist – sie erreichte bei der Gesamtverteilung 31 %, bei besonderen Befragtengruppen gar einen Prozentwert von 35 % –, bot sich offensichtlich mehr und mehr als Raum höchster Nutzung an, womöglich durch die nachdrückliche Propagierung der sogenannten »Wohnküche«.

2. Persönlichster Raum

Gefragt: »In welchem Raum fühlen Sie persönlich sich am wohlsten?«[7] lag das Wohnzimmer mit einem Satz von 59 % mit sechs Prozentpunkten noch deutlicher vorne als bei der Frage nach dem meistgenutzten Raum.
Die Rangliste lautet:

1. Wohnzimmer	59 %
2. Küche	15 %
3. Wohn-Eßzimmer	14 %
4. Schlafraum	4 %
5. Kinder- und Arbeitsraum	2 %
6. Bad, Flur, sonstige Räume	1 %

Abgesehen von der Stärkung der Position des Wohnzimmers ist darauf aufmerksam zu machen, daß viele Befragtengruppen statt der Küche als persönlichstem Raum das Wohn-Eßzimmer angaben, weshalb die Küche mit nur einem Prozentsatz höher lag.
Daß bei der Befragung 18 % der Frauen und nur 12 % der Männer sich mit der Küche als dem Raum, in dem sie sich persönlich am wohlsten fühlen, identifizierten, versteht sich trotz aller Emanzipationsbestrebungen von selbst.

3. Wichtigster Raum

Am Ende des Trichterverfahrens stand die Frage: »Und welcher Raum – abgesehen von Küche und Bad – ist ganz allgemein der wichtigste?«[8], bei der die Nennung von Bad und Küche ausgeklammert wurde, um ein repräsenta-

7 Siehe Fragebogen im Anhang, Frage 6.
8 Siehe Fragebogen im Anhang, Frage 7.

tives, im Gegensatz zum rein funktionalen Raum genutztes Zimmer zur Detailanalyse zur Verfügung zu haben.
Mit insgesamt 80 % der Nennungen ohne Mehrfachantworten ergaben sich für:

Wohnzimmer	63 %
Wohn-Eßzimmer	17 %

Trotz der Einschränkung in der Frageformulierung gaben 7 % der Befragten die Küche als wichtigsten Raum an und 1 % das Bad.
Zur Einstufung und Vergleichbarkeit der einzelnen Räume sind in *Tabelle 5* die angeführten Werte nebeneinandergestellt.

Tabelle 5:
Meist genutzter, persönlichster und wichtigster Raum

	meist genutzter Raum	persönlichster Raum	wichtigster Raum
Wohnzimmer	53 %	59%	63 %
Wohn-Eßzimmer	19 %	14 %	17 %
Küche	31 %	15%	7 %
Schlafraum	6 %	4 %	7 %

Neben der eindeutigen Angabe des Wohn- und Eßbereiches als dem wichtigsten Raum, der deshalb auch in 80 % der Fälle Gegenstand der folgenden Detailanalyse sein wird, zeigt die Übersicht, daß bei den Befragten das Kriterium »wichtig« nicht zwangsläufig gleichbedeutend mit Nutzung und dem Grad persönlicher Identifikation war – zweifellos ein sprach-, verhaltens- und wahrnehmungspsychologisches Faktum.
Insgesamt zeigt die *Tabelle 5*, daß funktionsmäßig stark festgelegte Räume wie Küche und Schlafraum beim Unterschied von Räumen der Nutzung zu solchen der persönlichen Identifikation an Prozentsätzen verlieren, während das Wohnzimmer als mehrfunktionaler Raum mit repräsentativen Eigenschaften über die drei Bestimmungsfaktoren beständig an Prozentpunkten gewinnt.

4. Einrichtung, Kosten, Stil des wichtigsten Raumes

a) Einrichtung

Aus der Frage 8 (siehe Fragebogen im Anhang) nach den im wichtigsten Raum (Wohn- und Eßbereich: 80 %) *vorhandenen* Einrichtungsgegenständen wurde die folgende Rangliste zur Ist-Situation zusammengestellt:

Tabelle 6: **Einrichtungsgegenstände des wichtigsten Raumes**

a. Wand:	71 %Tapete 28 % Rauhfaser
b. Fenster:	83 % Gardine 65 % Vorhänge 54 % Jalousien, Rolläden
c. Boden:	63 % Teppichboden 54 % Teppiche 13 % Parkett 9 % Kunststoff 9 % Keramik 7 % Holzdielen
d. Sitze:	57 % Sessel 51 % Stühle 51 % Sitzgarnitur 44 % Sofa
e. Schränke:	73 % freistehende 18 % Einbauschrank
f. Medien:	81 % Fernseher 63 % Radio 42 % Hi-Fi-Anlage 38 % Telefon 35 % Video 4 % Home-Computer/PC
g.	15 % technische Haushaltsgeräte
h. Regale:	34 % Bücherregale 20 % sonstige Regale
i.	63 % Bilder/Kunst
j. Licht:	78 % Hängelampe 50 % Stehlampe 30 % Tischlampe 16 % Strahler 8 % Neonröhre
k.	79 % Blumen/Pflanzen
l. Schlafen:	12 % Bett 6 % Liege/Matratze

Wird zur Auswertung der Rangliste eine 75 %-Grenze angelegt, dann waren bei dreiviertel aller Befragten im wichtigsten Raum der Wohnung vorhanden:

1. Gardine 83 %
2. Fernseher 81%
3. Blumen 79 %
4. Hängelampen 78 %

Über die diesen und anderen Einrichtungsgegenständen innewohnende *Bedeutung* für das Wohnerlebnis der westdeutschen Bevölkerung wird später noch in Kapitel 11 zu sprechen sein. An dieser Stelle soll, dem imperativen Ausruf: »Schmücke dein Heim!« folgend, aus dem Gesamt der Einrichtungsgegenstände des wichtigsten Raumes nur das Item »Bilder/Kunst« (63 %) betrachtet werden, und zwar soweit es dessen soziodemographische Verteilung betrifft. Grund hierfür ist unsere Ansicht, daß »Kunstgegenstände« – ob Kunstgewerbe, teure Originalgemälde, billige Kopien, elitäre oder populäre Zierwerke bis hin zu Kitsch und Trödelkram – einen bedeutsamen Faktor innerhalb der Spannungen zwischen gesellschaftlichen Norm- und Wertsetzungen und individueller Identifikation ausmachen sowie innerhalb des uns insbesondere interessierenden Wohnerlebnisses, da sie beim einzelnen zu Ausgleichprozessen bzw. zur Auflösung von Spannungen beitragen können.
Ein hierzu entwickeltes *Sozialprofil* für Bilder und Kunstgegenstände im wichtigsten Raum der Wohnung – unter Beachtung der Prozentsätze zu Einwohnergröße, Bildung, Personen im Haushalt, vorhandenem Einrichtungsstil, Wohnstandard, Rezeption von Wohnzeitschriften – lieferte Hinweise mit Bezug auf die Verwendung von »Bilder/Kunst« zur Anhebung der Qualität des subjektiven Wohnerlebnisses, die die folgenden Aussagen erlauben.
Je höher der subjektive Wohnstandard des Befragten ist, im einzelnen gesagt: Je mehr Räume der Befragte (für sich) zur Verfügung hat, je mehr technische Anlagen und Medien er in seiner Wohnung hat und je mehr Vorteile die Nachteile seiner Wohnung überwiegen, desto häufiger werden Bilder und Kunstgegenstände aller Arten als Identifikationsobjekte beim Wohnerlebnis eingesetzt. Anders ausgedrückt: Je größer die freien Gestaltungsmöglichkeiten beim Wohnen sind und je zufriedener der Bewohner mit dem Ergebnis der Gestaltung ist, desto wichtiger sind ihm dabei auch Kunst bzw. Kunstgegenstände.
Eine Beeinflussung des Einrichtungsverhaltens durch in Wohnzeitschriften angebotene und propagierte Verwendung von Kunstgegenständen setzt das *Bedürfnis* nach ästhetischer Gestaltung des Wohnerlebnisses unter anderem mittels Kunst bzw. Kunstgegenständen voraus.

b) Kosten

Daß Gestaltungsmöglichkeiten von den hierzu zur Verfügung stehenden finanziellen Mitteln abhängig sind, ist eine bare Binsenwahrheit. Aber auch diese, ja gerade diese darf bei einer soziologischen, den Realitäten entgegenstrebenden Studie nicht übergangen werden. Daher die an die Befragten gerichtete, sich auf den wichtigsten Raum beziehende Frage: »Können Sie ungefähr angeben, was die Einrichtung dieses Raumes insgesamt gekostet hat?«[9]

Als *Durchschnittsbetrag* der Einrichtungskosten für die Kompletteinrichtung des wichtigsten Raumes ergab sich in 80 % aller Fälle zum Zeitpunkt der Befragung ein Wert von 12 931,– DM.

Die drei *höchsten* durchschnittlichen Kostenbeträge für die Einrichtung des wichtigsten Raumes fanden sich bei

- Befragten, die mehr als zehn Räume zur Verfügung hatten, mit 20 228,– DM;
- Befragten, deren Haushaltsnettoeinkommen monatlich über 5000,– DM betrug, mit 19 799,– DM;
- Befragten, die in Haushalten mit fünf und mehr Personen lebten, mit 17 240,– DM.

Die drei *niedrigsten* durchschnittlichen Kostenbeträge für die Einrichtung des wichtigsten Raumes fanden sich bei

- Befragten, deren Haushaltsnettoeinkommen monatlich bis unter 1500,– DM betrug, mit 6888,– DM;
- Befragten, die in einem Ein-Personen-Haushalt lebten, mit 8766,– DM bzw. 8963,– DM;
- Befragten, die in einer Wohngemeinschaft lebten, mit 9452,– DM.

Die Bewertung der vorgelegten Kostendurchschnittsbeträge von 1989 hat – sowohl für unsere Zwecke wie für die auf dem Einrichtungsmarkt Agierenden – in Betracht zu ziehen, ob die Güter angeschafft/erworben oder ererbt/übernommen wurden. Deswegen die an die Befragten gerichtete Frage: »Sind die meisten Dinge in diesem Raum angeschafft oder übernommen worden?«[10] Ergebnis:

- 84 % aller Befragten hatten das meiste der Einrichtung des wichtigsten Raumes angeschafft/erworben;
- 11 % aller Befragten hatten die Einrichtung teilweise angeschafft/erworben, teilweise ererbt/übernommen;
- 4 % aller Befragten hatten das meiste der Einrichtung ererbt/übernommen.

Der Gesamtprozentwert von nur 15 % aller Befragten, bei denen Ererben/Übernehmen von Einrichtungsgegenständen im wichtigsten Raum eine Rolle gespielt hat, gegenüber der immensen Majorität von 84 % von Käufern (Anschaffenden/Erwerbenden), macht zum einen auf einen Traditionsbruch aufmerksam, zum anderen auf ein konsumfreudiges und marktabhängiges Einrichtungsverhalten.

9 Siehe Fragebogen im Anhang, Frage 9.
10 Siehe Fragebogen im Anhang, Frage 10.

Gehen wir einen Schritt weiter und sehen uns die Prozentwerte der Befragtengruppen an, die das meiste angeschafft/erworben haben, dies im Vergleich mit der entsprechenden Summe der durchschnittlichen Gesamtkosten der Einrichtung des wichtigsten Raumes, dann ergibt sich die in *Tabelle 7* zusammengeführte Auflistung, die für sich selbst spricht.

Tabelle 7: **Höchste Anschaffungsraten und entsprechende Gesamtdurchschnittskosten der Einrichtung des wichtigsten Raumes**

Befragtengruppe:	das meiste angeschafft/ erworben	Durchschnittsbetrag der Einrichtungskosten	teilweise erworben/ teilweise ererbt	das meiste ererbt/ übernommen
2-Personen-Haushalt:	90 % bzw. 92 %	12 432,– DM bzw. 12 845,– DM	7 % 6 %	2 % 1 %
Haushaltsnettoeinkommen 2500,– bis 3500,– DM	90 %	11 889,–	8 %	1 %
Haushaltsnettoeinkommen über 5000,– DM	90 %	19 799,–	4 %	4 %
Bundesland: Hessen, Saarland, Rhld.-Pfalz	89 %	13 648,–	8 %	1 %
50–59jährige	88 %	14 702,–	8 %	2 %
Nordrhein-Westfalen	87 %	13 558,–	8 %	4 %
total:	84 %	12'931,–	11 %	4 %

Die Frage »Was war bei der Auswahl der Möbel für diesen Raum eigentlich ausschlaggebend?«[11] sollte uns Antworten auf das »Was« bei der Entscheidung zur Auswahl der Möbel zur Gestaltung des wichtigsten Raumes bringen. Die auch Mehrfachnennungen beinhaltende Antwortliste wies als ausschlaggebend bei der Einrichtung die folgende Rangfolge auf:

1. Art und Qualität im Hinblick auf die Funktion des Raumes bei 51 % der Befragten;
2. der bestimmte Einrichtungsstil des Raumes bei 28 % der Befragten;
3. ökonomische Gründe (»nicht zu teuer«) bei 22 % der Befragten;
4. Geschmack und/oder die Nutzungsabsichten einer bestimmten Person bei 17 %.

11 Siehe Fragebogen im Anhang, Frage 11.

Offensichtlich gewinnt das *funktional* orientierte Wohnverhalten die Überhand über *personal* orientiertes Wohnen.
Hinzuzufügen ist noch eine weitere Erkenntnis, die sich aus einer Prüfung des Datenmaterials mit Bezug auf *Rangabweichungen* bei einzelnen Teilmengen ergab. Sie lautet: Der größte Abweichungsunterschied bei der Rangordnung der entscheidenden Gründe für die Raumeinrichtung war an den Kosten orientiert. Während junge, seit höchstens fünf Jahren allein in ihrer Wohnung lebende Mieter mit funktional ausgerichtetem Einrichtungsstil, unterdurchschnittlichem Wohnstandard und Haushaltsnettoeinkommen von bis 1500,– DM monatlich den Kostengrund auf die zweite Stelle der Rangordnung brachten, verwiesen ältere Eigentümer, die in einem Zwei-Personen-Haushalt lebten, sieben und mehr Räume bewohnten und über ein monatliches Haushaltsnettoeinkommen von mehr als 3500,– DM verfügten, den Kostengrund auf den vierten und letzten Platz.
Um den Charakter des wichtigsten Raumes festzuhalten, wurden die 80 % der Befragten, die den Wohn- und Eßbereich als Mittelpunkt des sozialen Geschehens angaben, gefragt, von wie vielen Personen des Haushalts dieser Raum regelmäßig benutzt wird. Bei 7 % aller Haushalte der Befragten wurde der wichtigste Raum nur von einem Teil der Bewohner benutzt, bei 93 % aller Haushalte von allen Bewohnern.

c) Stil

Um den *real vorhandenen Einrichtungsstil in seinen Grundzügen* zu erfassen, richteten wir das auf den Steien 40/41 abgedruckte Vorlageblatt mit Zeichnungen und Stilindikationen her.
Zu dieser Vorlage wurden zwei Fragen gestellt:
Erstens: »Wir haben einmal versucht, verschiedene Einrichtungsstile mit einfachen Zeichnungen darzustellen und voneinander zu unterscheiden – was sicherlich nicht einfach ist. In welchem dieser sieben Räume, die ich Ihnen jetzt vorlegen werde, würden Sie am liebsten Besuch empfangen?«[12]
Zweitens: »Sehen Sie sich jetzt bitte noch einmal kurz unsere Zeichnung an, und sagen Sie mir, welcher der dargestellten Stile am ehesten der Einrichtung des Raumes entspricht, in dem Sie sich aufhalten, wenn Freunde und Bekannte Sie besuchen?«[13]
Beide Fragen wurden vorsätzlich durch die Besucherformulierung in die Richtung eines Repräsentationsraumes geleitet; denn die stärkere Normierung eines derartigen Raumes, ob benannt gute Stube, Salon, Herrenzimmer oder

12 Siehe Fragebogen im Anhang, Frage 15.
13 Siehe Fragebogen im Anhang, Frage 18.

Vorlageblatt »Einrichtungen«*
Würden Sie dafür eher einen Stil bevorzugen, der »klassisch« oder »englisch« bis »rustikal« ist, wie in den Abbildungen A, B, C:

A

B

C

oder eher einen »funktional zweckmäßigen« Stil wie in den Abbildungen D oder E:

D

E

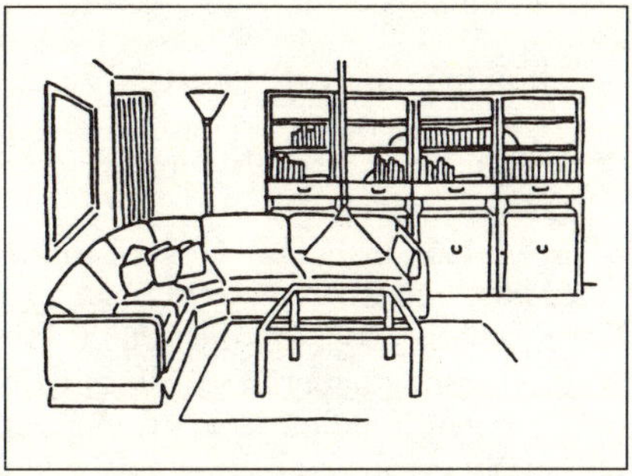

oder eher einen Stil, der im allgemeinen als »erlesen« oder »modisch« oder »progressiv« bezeichnet wird, wie in den Abbildungen F oder G:

F

G

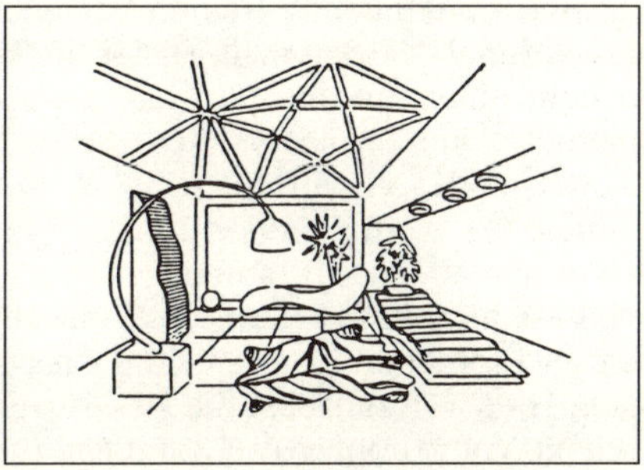

* Zeichnungen aus: *Verlagsgruppe Bauer* (Hrsg.): Wohnstil-Präferenzen, München 1987

schlicht Wohnzimmer, ermöglichte eine höhere Vergleichbarkeit der gewählten Stilzeichnungen. Die Auswertung der Antworten ergab bei einer Zusammenfassung der einzelnen Stile zu drei Gruppen die folgende Prozentverteilung:

- Abbildungen A, B und C – zusammengefaßt als »konventioneller Stil«: 45 % (Foto 1);
- Abbildungen D und E – zusammengefaßt als »funktionaler Stil«: 41 % (Foto 3 und 4);
- Abbildungen F und G – zusammengefaßt als »modisch/erlesener Stil«: 12 % (Foto 2).

Das Ergebnis zeigt, daß die Orientierung – nicht etwa Vorlieben – zweisträngig verläuft: mit annähernd gleichen Teilen (45 % und 41 %) verteilt sie sich auf die »konventionellen« und »funktionalen« Einrichtungsstile, wobei »funktional« nicht etwa als unzeitgemäß oder unmodern anzusehen ist.

Bei einer Projizierung des Merkmals *Alter* auf das Ergebnis zeigte sich, daß von den drei Stilen (A, B, C) der »konventionellen« Gruppe bei den Stilen A und B die Prozentwerte mit Zunahme des Alters der Befragtengruppe anstiegen; bei dem Stil C annähernd gleich stark blieben.

Bei den »funktionalen« (zweckmäßigen) Stilen D und E nahm Stil D mit zunehmendem Alter der Befragtengruppe ab; bei der Altersgruppe bis 59 Jahre zunächst uneindeutig, dann eher besonders steil. Der Stil E in der Gruppe »funktional« (zweckmäßig), der mit 30 % aller Befragten den größten Anteil der einzelnen Stile ausmachte, war – nach Geschlecht, Bildung und Haushaltsnettoeinkommen analysiert – besonders häufig in den Wohnzimmern des Mittelstandes vorzufinden: bei Personen mit weiterbildender Berufsausbildung ohne Abitur; in der mittleren bis hohen Einkommensgruppe; im Alter zwischen 30 und 50 Jahren.

Angesichts der Bedeutung des Einrichtungsstils für das Wohnerlebnis wird uns dieser Problemkreis in anderen Zusammenhängen noch mehrfach beschäftigen. Hier war zunächst die Ist-Situation der vorhandenen Stile im westdeutschen Wohnzimmer als Grundlage für weitere Erkenntnisse vorzulegen.

1. »Konventioneller« Stil

2. »Modisch/erlesener« Stil

3./4. »Funktionaler« Stil

Kapitel 7

Wohnverhalten

1. Tätigkeiten in der Wohnung

Will man den Bedürfnissen oder den Wünschen der Menschen – hier: den Wohnbedürfnissen und den Wohnwünschen – nachgehen, bleibt es, fern von zeitweiligen Idealisierungen, unumgänglich, *aktuelle Verhaltensmuster* zu erfassen. Das heißt: Hat man die Gesamtheit aller möglichen Tätigkeiten der Bewohner in der Wohnung erfaßt, dann erst können Projizierungen auf solche das Wohnerlebnis bestimmende Faktoren wie Vorteile und Nachteile der Wohnung und insgesamt Wohnzufriedenheit angegangen werden. Nach diesem Muster werden wir anhand unserer Befragung in diesem Kapitel vorgehen, um uns, auf diese Weise abgesichert, im nächsten Kapitel den Wohnbedürfnissen bzw. Wohnwünschen zuwenden zu können.
Zu der Frage »Wir würden nun gerne etwas genauer von Ihnen wissen, was Sie persönlich eigentlich alles so in Ihrer Wohnung tun«[14] wurden den Befragten 36 Antwortmöglichkeiten über Tätigkeiten in den Räumen der Wohnung vorgegeben. Das *Gesamtergebnis* zeigt *Tabelle 8* auf Seite 47.
Die Tabelle zeigt als Gesamtübersicht auf:
1. alle Tätigkeiten im Vergleich zueinander;
2. die Prozentzahl der Befragten, auf die diese Tätigkeiten zutrifft;
3. die Prozentwerte von jeweils zwei Räumen, in denen diese Tätigkeiten in der Regel ausgeführt werden, und zwar den des ersten und den des zweiten Ranges der häufigsten Nennung.

In *Tätigkeitsbereichen* zusammengefaßt, zeigen sich die Gruppen:
- Arbeit
- Kinder
- Freizeit/Hobby
- Erholung
- Mahlzeiten
- Schlafen und sonstiges

14 Siehe für den vollständigen Text: Fragebogen im Anhang, Frage 14.

Tabelle 8: **Gesamtübersicht**
Tätigkeiten in der Wohnung und entsprechende Räume

Tätigkeit	%-Wert aller Befragten, auf die die Tätigkeit zutrifft	Raum mit der höchsten Nennung zur Ausübung der Tätigkeit		Raum mit der zweithöchsten Nennung zur Ausübung der Tätigkeit	
Flick- und Bügelarbeiten	82 %	Küche	36 %	Wohnzimmer	17 %
Schreibangelegenheiten	93 %	Wohnzimmer	39 %	Küche	19 %
bezahlte Schreibtischarbeit	12 %	Wohnzimmer	4 %	Arbeitsraum	4 %
bezahlte sonstige Heimarbeit	5 %	Wohnzimmer	2 %	andere Räume	1 %
geschäftliche Kontakte	39 %	Wohnzimer	16 %	Flur/Diele	8 %
lernen, studieren, weiterbilden oder				Wohn-Eßzimmer	6 %
etwas (ein)-üben	43 %	Wohnzimmer	19 %	Arbeitsraum	6 %
Kindern bei den Hausaufgaben helfen	24 %	Kinderzimmer	8 %	Küche	6 %
sich mit Kindern beschäftigen	32 %	Wohnzimmer	12 %	Kinderzimmer	11 %
Kinder spielen allein	23 %	Kinderzimmer	12 %	Wohnzimmer	6 %
sich mit einer Sammlung beschäftigen	33 %	Wohnzimmer	18 %	Wohn-Eßzimmer	5 %
computern	10 %	Kinderzimmer	3 %	Wohnzimmer	2 %
selber Musik				Wohn-Eßzimmer	2 %
machen/musizieren	15 %	Wohnzimmer	9 %	Kinderzimmer	2 %
Do it yourself/basteln	40 %	Küche	14 %	sonstiger Raum	8 %
Handarbeiten wie nähen, stricken etc.	69 %	Wohnzimmer	35 %	Küche	18 %
malen/zeichnen	22 %	Wohnzimmer	8 %	Küche	5 %
Familienfeste	89 %	Wohnzimmer	66 %	Wohn-Eßzimmer	19 %
Parties geben	63 %	Wohnzimmer	43 %	Wohn-Eßzimmer	14 %
Besuch empfangen	99 %	Wohnzimmer	73 %	Wohn-Eßzimmer	19 %
Kartenspiele, Tischspiele, Gesellschaftsspiele unter Erwachsenen	79 %	Wohnzimmer	50 %	Wohn-Eßzimmer	18 %
Gymnastik, aktiver Sport/Bewegung, Yoga oder ähnliches	22 %	Wohnzimmer	5 %	Schlafraum	5 %
nichts tun, ausspannen, faulenzen	96 %	Wohnzimmer	63 %	Schlafraum	16 %
Musik hören	96 %	Wohnzimmer	64 %	Wohn-Eßzimmer	15 %
Radio hören	98 %	Wohnzimmer	55 %	Küche	27 %
fernsehen	98 %	Wohnzimmer	75 %	Wohn-Eßzimmer	6 %
Video sehen	44 %	Wohnzimmer	35 %	Küche	29 %

(noch Tabelle 8)

Tätigkeit	%-Wert aller Befragten, auf die die Tätigkeit zutrifft	Raum mit der höchsten Nennung zur Ausübung der Tätigkeit		Raum mit der zweithöchsten Nennung zur Ausübung der Tätigkeit	
Bücher lesen (z. B. Romane)	89 %	Wohnzimmer	56 %	Schlafraum	17 %
sich in Ruhe pflegen (baden, Kosmetik, Massage etc.)	95 %	Badezimmer	85 %	Wohnzimmer	4 %
telefonieren	91 %	Flur/Diele	35 %	Wohnzimmer	34 %
miteinander reden, erzählen usw.	98 %	Wohnzimmer	66 %	Küche	27 %
frühstücken	100 %	Küche	71 %	Wohn-Eßzimmer	21 %
zu Mittag essen	99 %	Küche	63 %	Wohn-Eßzimmer	21 %
Kaffee oder Tee trinken	99 %	Küche	50 %	Wohn-Eßzimmer	30 %
zu Abend essen	99 %	Küche	57 %	Wohn-Eßzimmer	22 %
schlafen	99 %	Schlafraum	84 %	Kinderzimmer	7 %
sonstiges	2 %	Schlafraum	1 %	sonst. Raum	1 %

Grosso modo gesprochen, bietet sich die Gesamtübersicht in *Tabelle 8* als eine der Grundlagen für die Bestimmung des Wohnerlebnisses an, indem sie Gelegenheit bietet, vier hierbei wesentliche Aspekte auszuwerten und zu interpretieren. Es sind dies:

1. der Aspekt der Bedeutung und Wertsetzung des Wohnerlebnisses für das Alltagsleben der westdeutschen Bürger, z. B. die Frage, ob die Wohnung als Ort der Arbeit, der Freizeit, der Erholung oder auch und nur der Familie gilt;
2. Aspekte im Zusammenhang mit dem allgemeinen Freizeitverhalten;
3. Aspekte der Veränderungsprozesse beim Wohnerlebnis durch die in einzelnen Räumen stattfindenden Tätigkeiten;
4. Aspekte der einzelnen Tätigkeiten, einmal mit Bezug auf den Raum der Wohnung, in dem sie stattfinden, zum anderen mit Bezug auf ein Sozialprofil der Tätigkeiten selbst.

Innerhalb der oben gruppierten Tätigkeitsbereiche zeigen sich Aktivitäten mit höchster Allgemeingültigkeit und solche mit nur geringerer Verbreitung. Das heißt, daß bei sozialkulturellen Beurteilungen ebenso wie bei Propagierungen Gleichsetzungen fehl am Platze sind. Zum Beispiel steht im Bereich Freizeit »Besuch empfangen« mit 99 % gegenüber »selbst Musik machen, musizieren« mit 15 %.

Wird in diesem Sinne eine 75 %-Abgrenzung festgelegt, dann ergibt sich eine Liste von Tätigkeiten, die von *mindestens dreiviertel* aller Befragten in ihrer Wohnung durchgeführt werden. Und zwar sind dies:

Schlafen – alle Mahlzeiten – miteinander reden, erzählen – telefonieren – sich in Ruhe pflegen – Bücher lesen – Zeitungen/Zeitschriften lesen – fernsehen – Radio hören – Musik hören – nichts tun, ausspannen, faulenzen – Kartenspiele etc. unter Erwachsenen – Besuch empfangen – Familienfeste – Schreibangelegenheiten – Flick- und Bügelarbeiten.
Betrachtet man demgegenüber den Anteil der Befragten, die ihre Wohnung auch für Tätigkeiten zum Gelderwerb benutzen, also z. B. Heimarbeit und Schreibtischarbeiten, der bei höchstens 17 % lag, dann weist diese Gegenüberstellung von allgemeingültigen versus gering verbreiteten Tätigkeiten im Wohnbereich auf geltende *Wertsetzungen* beim Wohnerlebnis hin. Wir erkennen die Wohnung als Ort der Familie und Erholung, keinesfalls als Ort der Arbeit und nur teilweise als Ort der Freizeitbeschäftigung. Erkenntnisse dieser Art mögen in den Augen der Planer – vom Architekten bis zum Einrichtungshersteller und Werbetexter – als Selbstverständlichkeiten gelten, aber gerade weil sie Selbstverständlichkeiten sind, gehört es zu den Aufgaben des Soziologen, sie nachzuweisen, besonders wenn er das das Wohnerlebnis bestimmende Wohnverhalten mit allen seinen Konsequenzen zu erfassen sucht.
Was die in der *Tabelle 8* in den Spalten zwei und drei ausgewiesene *Raumnutzung* betrifft, weisen sich Wohnzimmer, Wohn-Eßzimmer und Küche als diejenigen Räume aus, die als Ort für die meisten Tätigkeiten gewählt werden. Schlafraum, Bad und Flur, über die nahezu alle Haushalte ebenso häufig verfügen wie über eine Küche, werden nur mit einigen wenigen Tätigkeiten belegt.
Wie ist es nun um die Verteilung einzelner Tätigkeiten auf verschiedene Räume bei unterschiedlichen Befragtengruppen bestellt? Was kann oder will der Bewohner alles in diesem oder jenem Raum tun – ein Fragenkomplex, der den Verhaltensforscher ebenso interessieren muß wie den Produzenten von Waren zur Ermöglichung eines zufriedenstellenden Wohnerlebnisses.
Werfen wir noch einmal einen Blick auf *Tabelle 8*. Dort findet sich in der Differenz der Prozentwerte der ersten zur zweiten Spalte die Verteilung einzelner Tätigkeiten auf verschiedene Räume angedeutet. Und zwar zeigt sich, daß, je größer die Differenz des Wertes für den Raum mit den meisten Nennungen (in der zweiten Spalte) zum Wert der Tätigkeit bei allen Befragten ist (in der ersten Spalte), desto größer die Verteilung dieser Tätigkeit auf verschiedene Räume bei verschiedenen Befragtengruppen.
Hierzu ein Beispiel. Bei der Kategorie »Bezahlte Schreibtischarbeit« sehen wir mit den Werten von 4 % für Wohnzimmer (in Spalte 2) bei 12 % aller Befragten, auf die diese Tätigkeit zutrifft (in Spalte 1), ein hohes Differenzverhältnis von 1:3. Zieht man zur Klärung der unterschiedlichen Raumnutzung für diese Tätigkeit – nämlich zum einen Wohnzimmer mit 4% und zum anderen Arbeitszimmer ebenfalls mit 4 % – den Bildungsstand der Befragten hinzu, dann ergibt sich die folgende Verteilung:

	Hauptschule/ Lehre	Weiterbildung ohne Abitur	Abitur/ Universität
Wohnzimmer	4 %	3 %	7 %
Arbeitszimmer	2 %	4 %	10 %
100 % = Fallzahlen	893	314	208

Es verdeutlicht sich hier, daß die Verwendung eines speziellen Arbeitszimmers zur Erledigung von bezahlter Schreibtischarbeit mit steigendem Bildungsstand zunimmt. Nur in der Gruppe der Befragten mit Hauptschulabschluß und/oder Lehre, die, wie die demographischen Angaben im Anhang zeigen, die größte Teilmenge der Stichprobe ausmachen, überwiegt die Verwendung des Wohnzimmers für besagte Arbeiten. Logischerweise haben Ergebnisse dieser Art letztlich mit dem Vorhandensein eines speziellen Arbeitszimmers zu tun, so daß wir auf die in Kapitel 6 ausgeführte Analyse der Wohnräume und ihre Aufteilung zurückzugreifen haben. Nur über die Auskunft, wer anteilmäßig in seiner Wohnung über ein Arbeitszimmer verfügt, läßt sich klären, inwieweit das Vorhandensein eines derartig bestimmten Raumes proportional analog zum Bildungsstand ansteigt. Das heißt: Die Schwankung zwischen den Räumen Wohn- und Arbeitszimmer bei bezahlter Schreibarbeit ist nicht etwa auf die Bevorzugung einer bestimmten Befragtengruppe für einen bestimmten Raum zurückzuführen, sondern ist abhängig vom Vorhandensein eines solchen Spezialraumes in der Wohnung. Der Verhaltensmodus zur und bei der Ausführung von bezahlter Schreibarbeit, sagen wir beim Journalisten, Hochschuldozenten, Schriftsteller, Lehrer, Rechtsanwalt und anderen sogenannten »freien Berufen«, führt letztendlich zu der Aussage, daß die Notwendigkeit eines Arbeitszimmers in der Wohnung durch unterschiedliche Faktoren bedingt ist, sowie zu der augenscheinlichen Folgerung, daß, wer ein Arbeitszimmer in seiner Wohnung hat, dies auch für bezahlte Schreibarbeit benutzt, wer keines hat, nutzt hierfür das Wohnzimmer.
Bleibt noch die Verteilung der Tätigkeiten festzustellen, wenn sie zum Teil in diesem, zum Teil in jenem Raum ausgeführt werden, also durch eine hohe Flexibilität der Raumauswahl gekennzeichnet sind. Die folgende *Tabelle 9* zeigt die am wenigsten und am stärksten auf einen bestimmten Raum festgelegten Tätigkeiten, Dabei sind die Tätigkeiten an der Spitze der Liste als solche zu verstehen, deren Ausübung am häufigsten in verschiedenen Räumen stattfindet, während am Listenende diejenigen Tätigkeiten angeführt sind, die am stärksten auf einen einzigen Raum festgelegt sind.

Tabelle 9: **Am wenigsten und am stärksten auf einen bestimmten Raum festgelegte Tätigkeiten**

Tätigkeit:	Summenprozentuierungswert:	
miteinander reden, erzählen usw.	131	
Zeitungen, Zeitschriften, Illustrierte, Comics etc. lesen	120	
Bücher lesen (z. B. Romane)	115	→ höchste bzw. hohe Flexibilität der Raumauswahl
Radio hören	115	
nichts tun, ausspannen, faulenzen	111	
Musik hören	110	
(nicht aufgeführte Tätigkeiten: zwischen 110 und 101)		
Gymnastik, aktiver Sport, Yoga o. ä.	101	
Video sehen	101	
sonstiges	101	
malen/zeichnen	101	
Do it yourself/basteln	101	→ geringste bzw. geringe Flexibilität der Raumauswahl
selber Musik machen/musizieren	101	
sich mit einer Sammlung beschäftigen	101	
computern	100*	
bezahlte sonstige Heimarbeit	100*	
bezahlte Schreibtischarbeit	100*	

* = *keine* Mehrfachnennungen der Ausführungsräume

2. Wohnzufriedenheit

Um mit den an die Befragten gerichteten, das Wohnerlebnis mitbestimmenden Fragen über Zufriedenheit oder Unzufriedenheit mit ihrem Wohnen nicht in Gefühligkeiten verwickelt zu werden oder in Sprichwörtlichkeiten wie »Zufriedenheit wohnt mehr in Hütten als in Palästen«, gingen wir geradewegs auf drei abgegrenzte Festlegungen zu: indirekt auf Wohlbefinden und direkt auf Wohnungseinrichtung und Raumaufteilung bzw. Wohnungsgrundriß.
Zum Faktor *Wohlbefinden* fragten wir ohne Antwortvorgaben: »Fehlt Ihnen – ganz allgemein – etwas in Ihrer Wohnung, damit Sie sich hier rundum wohl fühlen können?«[15] Über die Hälfte der Befragten (55 %) ließen wissen, daß »nichts fehle« – ein Wert, der noch dadurch erhärtet wurde, daß auf die Frage eine hohe Prozentzahl von Befragten keine Antwort gab.
Unter den Befragten, denen zu einer in etwa vollwertigen Wohnzufriedenheit etwas fehlte, bezogen sich 11 % auf mehr Wohnraum; 10 % verlangten nach mehr Helligkeit, nach Garten oder Balkon, technischen Geräten, Renovierung

15 Siehe Fragebogen im Anhang, Frage 19.

oder Modernisierung und sonstigem und 11 % ausschließlich nach diesen oder jenen Einrichtungsgegenständen, in erster Linie nach Möbeln.
Um Zufriedenheit oder Unzufriedenheit mit der *Einrichtung der Wohnung* festhalten zu können, wurde in geschlossener Form gefragt: »Sind Sie im großen und ganzen mit der Einrichtung Ihrer Wohnung zur Zeit eher zufrieden oder eher unzufrieden?«[16] Wenn man von dem simplen Überschlag ausgeht, daß sich die Menschen bei der Einrichtung der Wohnung in erster Linie nach ihrer Börse und ihrem Geschmack richten, darf nicht erstaunen, daß der hohe Prozentsatz von 93 % der Befragten eher zufrieden mit der Einrichtung ist und nur ein geringer Prozentsatz von 7 % »eher unzufrieden«.
Indes darf dieses Ergebnis nicht uneingeschränkt hingenommen werden. So zeigt sich denn auch ein gewisser Widerspruch bei einem Vergleich dieser Daten mit denen in Kapitel 6/4 vorgelegten über den Unterschied zwischen dem *real* in der Wohnung vorhandenen Einrichtungsstil und dem *bevorzugten* Stil.[17] Hier zeigte sich nämlich eine Differenz für alle Stile von insgesamt 29 %: im einzelnen von nur 1 % beim Stil A = »klassisch« und Stil G = »progressiv« bis hin zu einem Unterschied von 9 % beim Stil F = »erlesen/modisch«. Der Erweis, daß über ein Viertel aller Befragten einen anderen Einrichtungsstil bevorzugte als den, in dem sie derzeit wohnten, relativiert also ein wenig die bestechend hohe Zahl von 93 % der Befragten, die sich mit ihrer Einrichtung eher zufrieden gaben – vor allem, wenn die Zufriedenheitsfrage direkt und ohne optische Aufmachung gestellt wurde.
Die ebenfalls in geschlossener Form gestellte Frage über Zufriedenheit oder Unzufriedenheit mit der *Raumaufteilung bzw. dem Wohnungsgrundriß*[18] wies einen höheren Prozentsatz an Unzufriedenheit aus: 12 % der Befragten waren mit der Raumaufteilung bzw. dem Wohnungsgrundriß ihrer Wohnung »eher unzufrieden« gegenüber 88 %, die »eher zufrieden« waren.
Eine genauere Analyse der »eher unzufriedenen« 12 %-Gruppe erbrachte u. a. die folgenden Ergebnisse:
– Mit fortschreitender Entwicklung der Altersstruktur zeigten sich jüngere Befragte mehr denn ältere mit dem Wohnungsgrundriß eher unzufrieden;
– Bewohner mit niedrigeren Raumzahlen waren mehr denn Bewohner mit höheren Raumzahlen mit der Raumaufteilung unzufrieden;
– Bewohner, deren Wohnungen einem subjektiv ermessenen niedrigeren Wohnstandard entsprachen, waren im Vergleich zu Wohnungen mit höherem Wohnstandard eher unzufrieden.

16 Siehe Fragebogen im Anhang, Frage 20.
17 Hierzu die Abbildungen auf Seite 65.
18 Siehe Fragebogen im Anhang, Frage 21.

3. Vorteile und Nachteile der Wohnung

Zu den Grundbedingungen für Wohnen, Wohnverhalten und letztlich Wohnerlebnis gehören die *subjektiven Wertsetzungen* der Bewohner. Um uns hiervon ein Bild verschaffen zu können, wurden zwei Fragen gestellt. Die erste lautete: »Wenn Leute Vor- und Nachteile ihrer Wohnung beschreiben, nennen sie oft einzelne von diesen Dingen, die wir hier zusammengestellt haben. Was davon sehen Sie als Vorteil Ihrer Wohnung an?«[19] Die daran anschließende zweite Frage ermittelte die Nachteile.[20] Beide Male wurde den Befragten eine die Wertsetzungen bestimmende Faktorenliste vorgelegt. Aus den Antworten auf beide Fragen ließ sich eine *Rangliste* der angegebenen Vor- und Nachteile der von den Befragten bewohnten Wohnung zusammenstellen, die *Tabelle 10* zeigt.

Tabelle 10: **Vor- und Nachteile der Wohnung**

Vorteile der Wohnung		Nachteile der Wohnung	
47 %	Größe	21 %	Verkehrssituation
42 %	Einrichtung allgemein	14 %	Größe
38 %	Garten	13 %	Kosten allgemein
37 %	nähere Umgebung	13 %	nähere Umgebung
36 %	Verkehrssituation	12 %	Hausbeschaffenheit
35 %	Raumaufteilung/Grundriß	12 %	Heizungsart/-kosten
35 %	Kosten allgemein	11 %	Nachbarn/Leben auf der Straße
29 %	Hausbeschaffenheit	10 %	Raumaufteilung/Grundriß
27 %	Heizungsart/-kosten	8 %	Garten
26 %	Nachbarn/Leben auf der Straße	5 %	Einrichtung allgemein
9 %	Veränderbarkeit	4 %	Veränderbarkeit
Summenprozentuierungswert: 364		Summenprozentuierungswert: 146	

Ein durchschnittlicher Vergleich der Spalten »Vorteile« und »Nachteile« sowie ein Vergleich der Summenprozentuierungswerte (364 zu 146) weist bei subjektiver Wertsetzung eine recht hohe allgemeine Wohnzufriedenheit aus.

Um auf einige der angeführten Items einzugehen, sehen wir uns als erstes den Faktor »Größe« (der Wohnung) an. Während mit 47 % fast die Hälfte der Befragten die Größe ihrer Wohnung als Vorteil ansieht – also als angemessen oder gar als überdurchschnittlich gut –, sehen immerhin 14 % ihre Wohnung als zu klein an. Über Kreuztabellen detaillierter analysiert, zeigten die Angaben, daß bei der Wertsetzung zur Größe der Wohnung der Wohnstatus (Miete

19 Siehe Fragebogen im Anhang, Frage 28.
20 Siehe Fragebogen im Anhang, Frage 29.

oder Eigentum) eine entscheidende Rolle spielt: Während die 744 *Mieter* aus der Stichprobe die Größe der Wohnung nur zu 39 % als Vorteil beschrieben, zu 18% aber als Nachteil, sahen die 644 *Eigentümer* aus der Stichprobe die Größe der Wohnung zu 58 % als Vorteil und nur zu 8 % als Nachteil an.
Was den Faktor »Kosten« angeht, wurden diese von 35 % aller Befragten als vorteilhaft bewertet, sie glaubten also preiswert zu wohnen, wohingegen 13 % der Befragten die Kosten ihrer Wohnung als zu hoch bewerteten. Hier zeigte sich ein wesentlicher Unterschied bei der *Steigerung* der Prozentwerte sowohl bei den Nachteilen als auch bei den Vorteilen, je nachdem, ob es sich um ländliche oder städtische Regionen handelte. Es läßt sich also, ohne voreilig zu sein, sagen: Je mehr Einwohner in der Region wohnen, desto bedeutender werden die Wohnungskosten für Wohnverhalten und Wohnerlebnis, und zwar – wohlgemerkt – zunächst unabhängig davon, ob sie für die Wohnung als Vor- oder Nachteil angesehen werden.
Im einzelnen steigt die Kostenbewertung als *Nachteil* von zunächst 7 % bei Regionen unter 5000 Einwohnern auf 10 % bei Regionen bis zu 500 000 Einwohnern an, dann sprunghaft auf 18 % bei Stadtregionen über 500 000. Die Kostenbewertung als *Vorteil* fiel, der Entwicklung der Nachteile entsprechend, von ihrem höchsten Punkt mit 47 % bei Bewohnern von Regionen bis zu 500 000 Einwohnern sprunghaft auf nur noch 32 % bei Stadtregionen über 500 000 Einwohnern. Es dokumentiert sich hier die aus den Mietpreisstatistiken zu entnehmende wohlbekannte Tatsache, daß preiswertes Wohnen in städtischen Ballungsgebieten nicht zu erwarten ist, überdies, daß insbesondere in diesen Regionen die Wohnungskosten zu einem der wichtigsten Faktoren der Grundbedingungen des Wohnerlebnisses gehören.
Bei dem Item »Einrichtung allgemein« überragen mit 42 % die Vorteile bei weitem die Nachteile mit 5 %. Hier bestätigte sich die Haltung der Befragten, die mit 93 % »eher zufrieden« mit der Einrichtung der Wohnung waren.
Was die Wertsetzungen mit Bezug auf *Umweltfaktoren* betrifft, zeigte sich, daß die »Verkehrssituation« mit 21 % die meisten Nachteilsnennungen auf sich vereinigte, während der Faktor »nähere Umgebung« der Wohnung mit 13 % erst den vierten Rangplatz in der Nachteilsliste einnahm. Dies dürfte als ein Hinweis auf Position und Aktivitäten der Städte- und Verkehrsplaner angesehen werden, die aus der Sicht der Befragten eine weitaus größere Schuld bei der Erzeugung von Wohnnachteilen tragen als vergleichsweise die für Wohnungsgrößen und -grundrisse verantwortlichen Architekten und Baumeister oder die das Kostengefüge bestimmenden Wohnungsvermieter und -verkäufer.
Im Gegensatz zu sozial-, gesundheits- und wohnpolitischen Aussagen, Aufrufen und Anklagen mit Bezug auf die Wichtigkeit von Umweltfaktoren beim Wohnen zeigt die Vor- und Nachteilsliste, daß für die Befragten als Bedingungen für die Wohnung und das Wohnerlebnis Größe, Kosten und Einrichtung den Vorrang vor den Bedingungen des Wohnumfeldes haben.

Kapitel 8

Wohnbedürfnisse

In der sich mit dem Wohnen der Menschen befassenden Literatur werden vielfach drei Begriffskonstellationen, nämlich Wohnbedarf, Wohnwünsche und Wohnbedürfnisse, undifferenziert in die Diskussion gebracht. Dies sollte tunlichst vermieden werden, da hierdurch endlose Verwirrungen und Fehlentscheidungen mit fatalen Folgen entstehen. Während *Wohnbedarf* neben und mit wohnpolitischen Elementen in den volks- und betriebswirtschaftlichen Bereich fällt, handelt es sich bei *Wohnwünschen* um mentale Vorstellungen, die sozusagen hinter Bedürfnissen stehen. Bei ihrer Erforschung geht es im Prinzip um die Erkenntnis kultureller Modelle, um die Erfassung der Wertsysteme, denen sich die Menschen einer Gesellschaft oder Mitglieder einzelner Gruppen verbunden fühlen. *Wohnbedürfnisse* sind entweder als ein Zustand oder als ein Objekt anzusehen. Sie bestimmen sich im Prinzip durch Faktoren wie Gegend, Beruf, Alter, Geschlecht, Familiengröße, Einkommen u. ä. m. Aus diesen Faktoren ergeben sich sowohl das Verhältnis zu den Bedürfnissen als auch sozialpsychologische Erkenntnisse, die auf die Entwicklung der Bedürfnisse hinweisen. Stets in der Ausrichtung auf die soziale Tatsache »Wohnerlebnis« verbleibend, wurden die im folgenden dargestellten operationalisierbaren vier Indikatoren zum Wohnbedürfnis erfaßt.

1. Umzugsgründe

Umziehen ist aus gleich welchen Gründen eine leidige Angelegenheit; es verursacht Kosten, Umstellungen, Laufereien und meist auch noch viel Ärger. Der alte Satz »Lieber abbrennen als umziehen« hat schon einen gewissen Sinn. Aber dennoch gebieten vielerlei Umstände einen Wohnungswechsel, die es – bedürfnismäßig – zu erfassen gilt. Daher unsere Frage: »Haben Sie schon einmal daran gedacht, aus Ihrer jetzigen Wohnung auszuziehen? Auf der folgenden Liste stehen einige Gründe, aus denen man Interesse an einem Umzug haben kann. Was davon trifft für Sie persönlich *am meisten* zu, weshalb würden Sie umziehen wollen?«[21] In *Tabelle 11* zeigen wir die erhobenen Daten

21 Siehe Fragebogen im Anhang, Frage 3 (mit Liste).

zu den Umzugsgründen in einer Rangliste der ersten sechs Positionen zusammen, wobei die Totalwerte mit den Daten über den Bildungsstand der Befragten verglichen wurden, um Auskünfte mit Bezug auf unterschiedliche Bevölkerungsgruppen zu erhalten.

Tabelle 11: **Mögliche Umzugsgründe**

	total	Hauptschule/ Lehre	Weiterbildung ohne Abitur	Abitur/ Universität
Ich möchte möglichst gar nicht umziehen	61 %	68 %	53 %	41 %
Ich würde umziehen . . .				
wenn meine persönliche und/oder familiäre Situation sich ändern würde (z. B. Heirat etc.)	13 %	9 %	16 %	23 %
wenn eine größere, bessere, schönere Wohnung gefunden ist, die bezahlt werden kann	12 %	10 %	15 %	17 %
wenn die Aussichten auf eine bessere berufliche Situation einen Umzug nötig machen	6 %	3 %	10 %	13 %
wenn z. B. eine schlechtere finanzielle Situation mich dazu zwingen würde	5 %	4 %	5 %	7 %
wenn eine andere Wohnlage mir besser gefällt	4 %	4 %	6 %	4 %

Besonders beachtenswert erscheint uns die Aussage von 61 % der Befragten, möglichst überhaupt nicht umziehen zu wollen, was nicht nur auf die Umständlichkeiten und Kosten eines Umzugs hindeutet, sondern überdies auf einen hohen Grad an »Seßhaftigkeit«, der sich sowohl als Unterstützung der bereits dargestellten relativen Höhe der Wohnzufriedenheit sowie der recht geringen allgemeinen Mobilität bei der westdeutschen Bevölkerung interpretieren läßt.

Es zeigen sich an erster Stelle in der Rangliste mit 13 % »persönliche« Gründe vielfacher Art für einen Umzug und an zweiter Stelle mit 12 % die Suche bzw. das Bedürfnis nach einer größeren, besseren, schöneren Wohnung; doch darf im vorliegenden Zusammenhang nur der auf Rang 2 stehende Grund als ein Umzugsgrund angesehen werden, der sich direkt auf Wohnbedingungen bezieht. Alle anderen darauf folgenden Umzugsgründe beziehen sich nicht auf die Wohnung, sondern ersichtlich auf das Wohnumfeld oder auf persönliche Bedingungen. Mit den 12 % für das *Bedürfnis* nach einer »größeren, besseren, schöneren« Wohnung decken sich die Ergebnisse über Zufriedenheit oder Unzufriedenheit mit der Raumaufteilung bzw. dem Wohnungsgrundriß, wo festgestellt werden konnte, daß 12 % mit dem Wohnungsgrundriß unzufrieden waren, also die gleichen 12 % der Befragten, die unter den obengenannten Bedingungen umziehen würden. Es läßt sich somit in der Tat festhalten, daß, vorsichtig gesagt, bei 10 bis 14 % der Bundesbürger eine Unzufriedenheit mit der *Größe* der Wohnung vorherrscht, ob bezogen auf Quadratmeter oder Raumanzahl.

Erkenntnisreich ist der Zusammenhang mit Bildungsniveau und Mobilitätsverhalten der Befragten. Läßt sich doch aus *Tabelle 11* bei den vier angeführten, sich in der Rangspitzenliste befindenden Umzugsgründen eine Steigerung ersehen, die von einer Bildungsstufe zur nächsthöheren führt. Darüber hinaus wird sichtbar, daß eine stärkere Mobilität bei den höher Gebildeten nicht nur aufgrund der beruflichen Situation vorherrscht, sondern auch aus persönlichen Gründen, die nichts mit dem Bildungsniveau zu tun haben.

Eine Auswertung des Befragungsergebnisses, auf Alter der Befragten und Wohnformen bezogen, weist, wie zu erwarten war, mit zunehmendem Alter ein Absinken der Mobilität auf, läßt zusätzlich jedoch auch die Abhängigkeit des Mobilitätsverhaltens vom Familienzyklus, also u. a. von der Ablösung aus dem Elternhaus oder der Gründung eines eigenen Haushalts, ob als Familie oder Zweier-Partnerschaft, erkennen. Vergleicht man die Daten der Kategorie »möchte möglichst gar nicht umziehen« und »aus persönlichen Gründen« mit denen auf Wohndauer, Wohnformen und Altersstruktur bezogenen, dann zeigt sich die besagte Abhängigkeit besonders deutlich für die Altersgruppen bis 39 Jahre.

Unter denjenigen Befragten, die trotz gewisser Unzulänglichkeiten bei ihren Wohnbedürfnissen – vordringlich der Wohnform – nicht umziehen möchten, also *immobil* bleiben, ragt der Zwei-Personen-Haushalt hervor. Familien mit Kind(ern) erweisen sich als *durchschnittlich mobil;* Ein-Personen-Haushalte – wenn Bedürfnisse mit Bezug auf die Wohnform durch Umzug ausgeglichen werden können – als die *mobilsten*.

2. Wohnungsveränderungen

Ausrufe wie »Ich kann den alten Rummel nicht mehr sehen!«, »Diese Blumentapete ödet mich an!«, »Die Küchenwände sind schwarz von Ruß!«, »Der Seitentisch steht dauernd im Weg!« und dergleichen mehr sind neben Bemängelungen Ausdruck des Bedürfnisses nach Veränderungen größeren oder kleineren Ausmaßes. Ihre Befriedigung vollzieht sich durch Neueinrichtung, Anschaffung und/oder Renovierung. Da sich über diese Alltagsaktionen das

Wohnerlebnis gestaltet, überdies davon ganze Industrien leben, ist ihnen in einigen Hinsichten nachzugehen.

Als erstes galt es bei den Befragten, den Zeitpunkt der letzten Renovierung/Neueinrichtung, d. h. den durchschnittlichen Rhythmus der Wohnungsveränderung zu erkunden, und zwar unabhängig von in Mietverträgen festgelegten Renovierungsdaten. Daher die Frage: »In welchem Jahr haben Sie zum letzten Mal die Wohnung oder Teile davon neu eingerichtet und/oder renoviert?«[22] Um hier zu gewichtigen Daten zu gelangen, wurden die angegebenen Jahreszahlen der letzten Renovierung/Neueinrichtung mit der Altersstruktur der Befragten in Verbindung gebracht.

Es zeigte sich, daß bei den westdeutschen Haushalten von einem durchschnittlichen Veränderungsrhythmus ausgegangen werden kann, der für Renovierung und/oder zumindest teilweise Neueinrichtung zwischen alle drei bis vier Jahre gelegen ist. Mit zunehmendem Alter weitet sich der Veränderungsrhythmus langsam aus, so daß der Abstand zwischen den Renovierungen/Neueinrichtungen bei der Gruppe der über 60jährigen schließlich zwischen fünf und sechs Jahren liegt.

Nun interessierte es uns natürlich festzustellen, woraus die letzte Renovierung/Neueinrichtung bestand und für was dabei wieviel Geld ausgegeben wurde, sowie bei denjenigen, die eine Renovierung mit oder ohne Neuanschaffung planten, festzustellen, wie sich in ihren Vorstellungen das Verhältnis von Renovierungen und Anschaffungen verteilt. Darüber gibt *Tabelle 12* Auskunft, in der die diesbezüglichen Fragen[23] mit angeführt sind.

Von zentraler Bedeutung für die Herrichtung des Wohnerlebnisses, geschehe es durch Renovierungen und/oder Anschaffungen, läßt sich aus den beiden Auflistungen in der *Tabelle 12* die Tatsache entnehmen, daß Renovierungen gegenüber Anschaffungen mit zu zwei Dritteln für Renovierungen das eine Drittel für Anschaffungen überragen. Auch bei denjenigen der Befragten, die gemäß der Frage 22[24] Auskunft darüber gaben, ob und welche Veränderungen für die nächste Zeit *geplant* sind, zeigte sich ein Überhang der Renovierungen gegenüber den Anschaffungen. Lediglich bei der Gruppe der jüngsten Befragten war es das umgekehrte Verhältnis. Ebenso wie bei den Umzugsgründen nimmt die Planung von Wohnungsveränderungen mit zunehmendem Alter stetig ab.

Wie sehr es sich bei dieser Facette der Herrichtung des Wohnerlebnisses um ein Zusammenspiel zwischen den für das Wohnen wesentlichen marktwirtschaftlichen Bereichen und dem Wohnerlebnis handelt, läßt sich aus *Tabelle 12* am deutlichsten dort entnehmen, wo bei der Wohnraum- und Einrichtungs-

22 Siehe Fragebogen im Anhang, Frage 24.
23 Siehe Fragebogen im Anhang, Fragen 23 und 25.
24 Siehe für den Wortlaut den Fragebogen im Anhang.

Tabelle 12: **Art der geplanten und der letzten Renovierung/Neueinrichtung**

Art der *geplanten* Renovierung/Neuanschaffung Frage: »An was denken Sie dabei?« (Antworten nicht vorgegeben) n = 192		Art der *letzten* Renovierung/Neueinrichtung Frage: »Für was haben Sie dabei Geld ausgeben?« (Antworten vorgegeben) n = 1422	
Anschaffungen:			
Einrichtungsgegenstände für den Wohnbereich	34 %	Möbel (Betten, Sofa, Tisch, Sitzmöbel)	34 %
Einrichtungsgegenstände für den Schlafbereich	11 %	Material zur Eigenanfertigung von Einrichtungsgegenständen (Holz, Metall etc.)	11 %
Einrichtungsgegenstände für den Bereich Küche und Bad	12 %	Kunstgegenstände	7 %
		technische Medien (Video, Hi-Fi, Farb-TV, PC etc.)	13 %
		Kücheneinrichtungen	17 %
		Badezimmereinrichtungen	11 %
		technische Haushaltsgeräte (Kühlschrank/Gefriertruhe etc.)	14 %
Renovierungen:			
tapezieren/streichen	34 %	Material zur Eigenrenovierung (Tapeten, Farben, Bodenbeläge, Werkzeuge etc.)	57 %
Anbau, Umbau, Aus-/Einbau	16 %	Kosten für Arbeitsleistungen bei der Renovierung (Handwerker)	25 %
andere Veränderungen im Wohnbereich	15 %		
andere Veränderungen im Schlafbereich	3 %		
andere Veränderungen im Bereich Küche und Bad	11 %		
sonstiges	1 %	sonstiges	2 %
keine Angabe	4 %	keine Angabe	5 %
Summenprozentuierungswert im Hinblick auf Mehrfachnennungen:	141 %		197 %

gestaltung mit einem recht hohen Maß an selbständiger Bewohneraktivität (dem »Do it yourself«) zu rechnen ist, die sich nicht nur auf Renovierungsarbeiten wie Tapezieren, Streichen etc. bezieht, sondern zum Teil auch, mit immerhin 11 %, auf die Eigenanfertigung von Möbeln.

Insgesamt zeigten sich im vorliegenden Rahmen der Abhandlung über Wohnbedürfnisse eine Anzahl unterschiedlicher Verhaltensweisen und ihre Voraussetzungen, bei denen selbstverständlich auch die *finanzielle* Seite nicht übersehen werden durfte. Dementsprechend galt es, sich der Ausgabenhöhe der letzten Renovierung zuzuwenden und zu fragen: »Können Sie sich noch daran erinnern, wieviel Geld Sie ungefähr bei dieser letzten Einrichtung/Renovierung ausgegeben haben?«[25]

25 Siehe Fragebogen im Anhang, Frage 26.

Ausgewertet mit Bezug auf Altersstruktur und Haushaltsnettoeinkommen der Befragten, ergab sich rundum das folgende Bild zweier Hauptgruppen: eine Teilmenge von insgesamt 33 % aller Befragten, die nur *bis* zu 1000,– DM ausgegeben hatte, und einer anderen von insgesamt 59 % aller Befragten, die bei der letzten Wohnungsveränderung *über* 1000,– DM ausgegeben hatte. Die durchschnittliche Ausgabenbereitschaft lag bei einem Betrag zwischen 1000,– und 5000,– DM, mit 34 % aller Befragten als der größten Teilmenge. Daß sich aus diesen Werten nicht nur die Einlösung gewisser das Wohnerlebnis umgebenden und mitbestimmenden Bedürfnisse ergibt, sondern auch Hinweise auf die für die Einrichtungsindustrie unterschiedlichen Zielgruppen, dürfte eindeutig sein.

3. Notwendige Einrichtungsgegenstände zum Wohlbefinden

In Kapitel 6 kamen wir auf die im wichtigsten Raum der Wohnung *vorhandenen* Einrichtungsgegenstände zu sprechen und hatten hierzu *Tabelle 6* (Seite 35) in Form einer Rangliste vorgelegt. Bei dieser Gelegenheit wurde bereits angedeutet, daß Einrichtungsgegenständen Bedeutungen für das Wohnerlebnis innewohnen, sei es, was ihren Symbolwert betrifft oder ihren Beitrag zum Wohlbefinden der Bewohner. Um weder bei der einen oder der anderen Gelegenheit einer frei schwebenden Interpretation den Weg zu öffnen und Wohnbedürfnisse kurzerhand ohne das »Warum« zu erfassen, wurden die Befragten, deren vorhandene Einrichtungsgegenstände wir über die Frage 8[26] schon erkundet hatten, im Verlauf der Befragung mit einer weiteren Frage konfrontiert, die uns bei einem Vergleich Einsicht in das von den Befragten als Einrichtungs*minimum* Angesehene (der Ist-Situation) und den notwendigen Einrichtungsgegenständen zum Wohlbefinden (der Bedürfnis-Situation) verleihen sollte.
Diese Frage lautete: »Und welche der Gegenstände auf dieser Liste dürften auf gar keinen Fall in dem von Ihnen ausgesuchten Raum fehlen, damit Sie sich dort wohlfühlen und Ihren Besuch empfangen können?«[27] Die Antwortmöglichkeiten zu dieser Frage in Form der gleichen Liste mit Einrichtungsgegenständen, die den Befragten bereits bei der Beschreibung der vorhandenen Einrichtungsgegenstände »im wichtigsten Raum« vorgelegt worden war, ermöglichte den direkten Vergleich der Daten zur *aktuellen* Einrichtung des wichtigsten Raumes mit der hier folgenden Rangliste der *notwendigen*, man kann auch sagen: der unverzichtbaren Einrichtungsgegenstände im Sinne von Bedürfnissen.

26 Siehe Fragebogen im Anhang.
27 Siehe Fragebogen im Anhang, Frage 17.

Tabelle 13: **Notwendige Einrichtungsgegenstände zum Wohlbefinden**

Blumen/Pflanzen	73 %		
Gardinen	70 %		
		Vorhänge	56 %
		Jalousien/Rolläden	33 %
niedriger Couchtisch	65 %		
		Eßtisch	21 %
		sonstiger Tisch	15 %
		Schreibtisch	8 %
Fernseher	64 %		
Hängelampe	63 %		
		Stehlampe	49 %
		Tischlampe	23 %
		Strahler	10 %
		Neonröhre	4 %
Tapete	62 %		
		Rauhfasertapete	16 %
freistehener Schrank	61 %		
		Einbauschrank	16 %
Sitzgarnitur	59 %		
Sessel	55 %		
Teppiche	54 %		
		Teppichboden	48 %
		Parkett	15 %
		Keramik/Steinfußboden	8 %
		Holzdielen	4 %
		Kunststoffbelag	2 %
Bilder/Kunstgegenstände	51 %		
Radio	45 %		
Sofa	36 %		
Hi-Fi-Anlage/Plattenspieler	34 %		
Telefon	28 %		
Bücherregal	28 %		
		sonstige Regale	13 %
Stühle	27 %		
Videogerät	24 %		
Kachelofen/Kamin	17 %		
technische Haushaltgeräte	8 %		
Bett	6 %		
		Liege/Matratze	4 %
Homecomputer	3 %		

Mögliche Alternativen und/oder Ergänzungen zu einzelnen Gegenständen wurden abweichend von der Rangliste in abgerückter Druckweise eingeschoben, so daß Gruppen von Gegenständen erkennbar bleiben.

Aus dem Vergleich, auf den in Kapitel 11 noch ausführlicher zurückzukommen sein wird, seien hier bereits einige wenige Beispiele angeführt. So zeigte sich z. B., daß sich die Positionen von Gardine, Blumen/Pflanzen und freistehendem Schrank annähernd decken. Hingegen weisen die Positionen von Medien, Teppichen gegenüber Teppichboden und Stühlen deutliche Differenzen zwischen der aktuellen Situation und dem Einrichtungsbedürfnis auf. Gegenstände, die wie die hier angeführten »Medien« oder »Stühle« Differenzen in den Ranglisten aufweisen, sind hinsichtlich ihrer Funktion, der ökonomischen Bedingungen und der Wertsetzungen des Wohnerlebnisses auch für die Nutzung des entsprechenden Raumes von großer Bedeutung.
Zum Beispiel bleiben die medientechnischen Geräte in ihrer *Rangfolge* – nämlich 1. Fernsehen, 2. Radio, 3. Hi-Fi-Anlage, 4. Telefon, 5. Video, 6. Home-Computer – in den *Tabellen 6* und *13* gleich. In ihren in der *Tabelle 13* aufgezeigten Prozentwerten mit Bezug auf »notwendige Einrichtungsgegenstände« aber liegen sie deutlich unter den Werten der »tatsächlich vorhandenen Einrichtung« *(Tabelle 6)*. Die Geräte spielen demnach beim »realen« Wohnverhalten eine herausragendere Rolle, als dies in den »idealen« Vorstellungen der Befragten von ihrem Wohnbedürfnis der Fall ist.
Nehmen wir als weiteres Beispiel die Stühle. Während 51 % der Befragten das Vorhandensein von Stühlen im wichtigsten Raum ihrer Wohnung bestätigen, geben nur noch 27 % der Befragten die Stühle als notwendige bzw. unverzichtbare Gegenstände zum Wohlbefinden in einem Raum an, der unter anderem (wie es in der Frageformulierung heißt) zum Empfang von Besuch benutzt werden soll. Das heißt, auf das Wohnverhalten bezogen, daß Stühle faktisch weitaus häufiger benutzt werden als in den »idealen« Bedürfnisvorstellungen erwünscht, zumal sich bequemere und repräsentativere Sitzgelegenheiten anbieten: die Sitzgarnitur nämlich, die zwar nur bei 51 % der Befragten im wichtigsten Raum stand, insgesamt aber von 59 % der Befragten in ihren Bedürfnisvorstellungen als notwendig bzw. unverzichtbar hingestellt wurde. Die hier herausgestellte Differenz gleicht einem Spannungsverhältnis zwischen den vorhandenen funktional erfaßten Einrichtungsgegenständen und dem mehr auf Repräsentation ausgerichteten Einrichtungsbedürfnis – beide Male auf die sozio-kulturellen Wertsetzungen des Wohnerlebnisses ausstrahlend.
Um kein falsches Bild entstehen zu lassen, muß betont werden, daß die Zurückstrahlung der als notwendig erachteten Einrichtungsgegenstände auf das Wohnerlebnis nie für alle Gruppen der Gesellschaft gleichmäßig sein kann. Nehmen wir beispielsweise die ersten 14 Positionen der in *Tabelle 13* angeführten notwendigen Einrichtungsgegenstände zum Wohlbefinden und setzen sie zu einer Teilmenge der Befragten in Bezug – nämlich Befragten mit Abitur und/oder Universitätsabschluß, also dem höchsten Bildungsabschluß –, dann ergeben sich im Vergleich unterschiedliche Prozentsätze für die Notwendig-

keit bestimmter Möbelstücke: Erscheint in der Unverzichtbarkeitstabelle 13 z. B. der niedrige Couchtisch mit 65 %, erreicht er bei der Teilmenge mit Abitur und/oder Universitätsabschluß nur 54 %; desgleichen bei Hängelampe und Gardine, wo die Prozentsätze ebenfalls abfallen, nämlich von 63 % auf 54 % (Hängelampe), von 70 % auf 49 % (Gardine).
Das Beispiel zeigt übrigens auf, daß es fehlerhaft ist, wenn unter Außerachtlassung der sozio-kulturellen Wertsetzungen die Kultur- bzw. Geschmackskritik sich gegen gewisse, auf Einrichtungsgegenständen beruhende Wohnbedürfnisse wendet oder die Werbung gewisse Einrichtungsgegenstände propagiert, ohne ihre Wertsetzungen für das Wohnbedürfnis zu berücksichtigen.

4. Stil- und Farbgestaltung

Zu den Wohnbedürfnissen gehören auch solche, die verallgemeinert und ein wenig hochtrabend als die »ästhetischen Bedürfnisse« bezeichnet und angepriesen werden. Wenn wir es vermieden haben, den Begriff »Ästhetik«, definiert als »die Lehre vom Schönen«, ins Spiel zu bringen, geschah dies nicht nur, weil hierbei eine Vielzahl von Bezugselementen wie u. a. Natur, Zahl, Pracht, Ideal, Vollkommenheit, Nützlichkeit, Abwandlung etc. in Betracht zu ziehen wären, sondern vor allem, weil ästhetische Kategorien wie das Graziöse, Hübsche, Poetische, Erhabene etc. nur schwierig meßbar sind.[28] Wir wollten ja auch gar nicht wissen, ob die Befragten diesen oder jenen Einrichtungsstil »schöner« finden, sondern nur, ob sie, umgangssprachlich ausgedrückt, eventuell, will sagen, wenn sie es sich leisten können oder könnten, das Bedürfnis haben oder hätten, den zum Empfang von Besuch benutzten Raum (meist das Wohnzimmer) in einem gänzlich anderen Stil einzurichten als dem vorhandenen. Indem wir den Schwerpunkt mehr oder weniger auf die *Präferenzen* für den einen oder anderen Einrichtungsstil legten (ohne dies in den Fragestellungen allzu deutlich zu machen), konnten wir zu einem Vergleich zwischen dem *real* vorhandenen Einrichtungsstil und dem *Einrichtungsbedürfnis* vorschreiten.
Anhand der in Kapitel 6, Abschnitt c (Seite 39) den Befragten vorgelegten Zeichnungen und der dazugehörenden Frage 18[29] ließ sich der Prozentwert der Befragten feststellen, die nach ihrer Einschätzung tatsächlich in einem der sieben verschiedenen Grundstile eingerichtet waren. Unter Vorlage der gleichen Zeichnungen mitsamt der Stilbenennungen, begleitet von der Frage: »In

28 Siehe zu diesem Komplex: *Alphons Silbermann*, Soziologie der Künste, in: *René König* (Hrsg.), Handbuch der empirischen Sozialforschung, 2. Aufl., Stuttgart 1979, Bd. 13, S. 137.
29 Für den Text, siehe den Fragebogen im Anhang.

welchem dieser sicher verschiedenen Räume würden Sie am liebsten Besuch empfangen?«[30], konnten wir zu Prozentwerten derjenigen Befragten kommen, die den jeweiligen Stil bevorzugen würden, also Präferenzen als »eventuelle« Bedürfnisbefriedigung zum Ausdruck brachten. In der folgenden Abbildung sind nach einer Rangliste die Ergebnisse angeordnet, wobei zum Vergleich in Klammern der Prozentwert der Befragten angegeben ist, die gemäß *ihren eigenen Einschätzungen tatsächlich* nach dem betreffenden Stil eingerichtet sind.

Als Ergebnis steht vor uns, daß die Einrichtungsstile funktional (E), klassisch (A), englisch (B) und zweckmäßig (D) in einer von 30 % bis zu 11 % reichenden Rangfolge tatsächlich häufiger vorhanden sind, als sie bevorzugt werden. Hingegen werden die Einrichtungsstile erlesen (F), rustikal (C) und progressiv (G) häufiger bevorzugt, als sie tatsächlich vorhanden sind.

Die Gründe für die ungleichen, als Bevorzugungen ausgedrückten Bedürfnisse dürften bei der Angebots- und Preisstruktur des Einrichtungsmarktes zu suchen sein sowie bei den Symbolwerten und Stimuli, die mit den jeweiligen Stilen verbunden werden, und, nicht zu übersehen, bei der Sozialstruktur der Befragtengruppen, was sich vor allem bei den Stilen erlesen (F), rustikal (C) und progressiv (G) zeigt, bei denen es sich jeweils um teure oder zumindest als teuer geltende Stile handelt.

Gehen wir einen Schritt weiter, lassen Gründe wie Einkommen, Verbesserung des sozialen Status etc. hinter uns und sehen uns an, wie es um das *Verhältnis von Stilpräferenz und Altersstruktur* bestellt ist. Wie artikulieren sich hier Präferenzen, die auf Bedürfnisse verweisen? Ein auffallendes Beispiel für die Abhängigkeit der Stilpräferenz von der altersstrukturellen Schichtung der Bevölkerung bietet uns ein Vergleich zwischen den Stilen klassisch (Zeichnung A) und erlesen (Zeichnung F). Die Auswahl gerade dieser beiden Stile beruht auf ihrer gemeinsamen Orientierung an der Repräsentationsfunktion des Raumes, in dem man – wie es in der Fragestellung heißt – am liebsten Besuch empfangen würde. Enthalten doch beide Stilzeichnungen bestimmte Elemente (z. B. Kamin und verglaste Schrankwand), die der Betrachter (der Besucher) mit »teuer«, »kostbar« oder »geschmackvoll« assoziieren kann. Unterscheidungen zwischen den Einrichtungsstilen »klassisch« und »erlesen« dürften auf Assoziationen beruhen, die beim Stil »klassisch« in Richtung Konventionalität, Tradition und gediegener Gutbürgerlichkeit verlaufen, beim Stil »erlesen« eher in Richtung Großbürgerlichkeit und einem Maß an Modernität.

Sieht man sich daraufhin die Kurven zur Altersstruktur der Befragten an, verdeutlicht sich das zu erwartende Ergebnis: Je älter die Befragten waren, orientierten sie ihre Bedürfnisse an konventionellen, gutbürgerlichen Stil-

30 Siehe Fragebogen im Anhang, Frage 18.

Abbildung 1: **Präferierter Einrichtungsstil**
(tatsächlich vorhandener Einrichtungsstil in Klammern)

Stil E: funktional 23 % (30 %)

Stil A: klassisch 20 % (21 %)

Stil B: englisch 12 % (14 %)

Stil F: erlesen 19 % (10 %)

Stil D: zweckmäßig 7 % (11 %)

Stil C: rustikal 15 % (10 %)

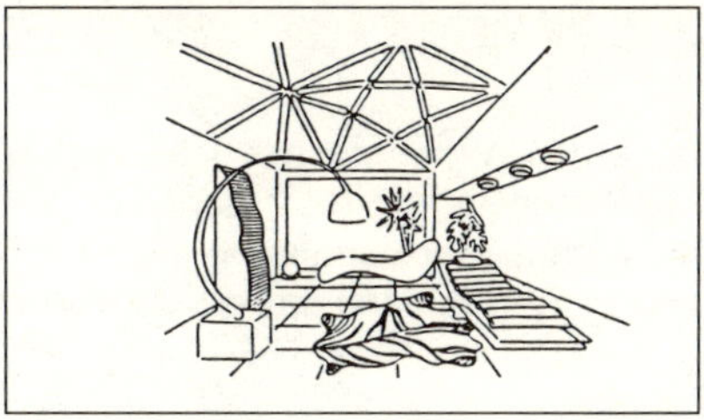

Stil G: progressiv 3 % (2 %)

vorlagen; je jünger sie waren, desto mehr orientierten sie sich an der Mischung aus Großbürgerlichkeit und einem Hauch von Modernität. Bei diesen Diskrepanzen in der Bedürfniserfüllung durch Stilgestaltungen, die nicht unbedingt propagierten Modetrends Folge leisten, spielt gewiß die fortschreitende Auflösung der sozialen Schichtungsgrenzen in der westdeutschen Gesellschaft eine Rolle: Die zunehmende Orientierung an ehemals höheren sozialen Schichten wie das Großbürgertum bestätigt die bereits von dem französischen Gelehrten Gabriel Tarde vorgelegte Gesetzmäßigkeit, nach der der Niederere stets den Höheren zu imitieren sucht.[31]

Mit der Frage nach den Präferenzen bei der *Farbgestaltung* des ausgewählten Raumes, die unter Vorlage einer Antwortliste lautete: »Und wie sollte in dem von Ihnen ausgewählten Raum die allgemeine Farbgestaltung sein?«[32], war keineswegs beabsichtigt, die Domäne der Farbphysiologie oder -psychologie zu betreten. Erforscht sollte nur werden, ob auch bei der Farbgestaltung bei bestimmten Bevölkerungsgruppen ähnlich wie bei der Stilgestaltung ein Wandel in Orientierung und Präferenzen eingetreten ist.

Die hier folgende *Tabelle 14* zeigt die Ergebnisse in der Rangfolge ihrer Nennungen sowohl für die Gesamtverteilung als auch unter dem Merkmal des Bildungsniveaus.

Tabelle 14: **Präferierte Farbgestaltung und Bildungsgrad**

	total	Hauptschule Lehre	Weiterbildung ohne Abitur	Abitur/ Universität
möglichst natürlich, Holz und sanfte Farben	49 %	49 %	49 %	50 %
möglichst weiß/hell	16 %	15 %	13 %	19 %
hell-dunkel, kontrastreich	13 %	13 %	14 %	11 %
farbenfroh, doch nicht »kunterbunt«	11 %	10 %	14 %	10 %
dunkel	4 %	5 %	3 %	3 %
knallige, poppige Farben	2 %	1 %	5 %	2 %
ganz anders	1 %	–	–	2 %
»weiß nicht« und keine Angabe	4 %	6 %	1 %	2 %

Bei einem Vergleich mit den Ergebnissen zur Stilgestaltung wird hier sowohl mit Bezug auf die gesamte Breite der bevorzugten Gestaltungsmöglichkeiten im Wohnbedürfnisrahmen als auch im Hinblick auf Wandlungsprozesse ein geringerer Abweichungsgrad deutlich. Die *Tabelle 14* (ohne Mehrfachnen-

31 In: *Gabriel Tarde,* Les Lois de l'Imitation, Paris 1890.

32 Siehe Fragebogen im Anhang, Frage 16.

nungen) weist für annähernd die Hälfte aller Befragten (49 %) die Bevorzugung möglichst natürlicher, sanfter und holzdominierter Farben aus, während die andere Hälfte in breiter Streuung mehrere verschiedene Orientierungen in der Gestaltung bevorzugt: Sie schwanken zwischen der Präferenz für das Rein-Helle und dem Hell-Dunkel-Kontrast.

Versteht man eine »möglichst natürliche Farbgestaltung« als eine eher konventionell ausgerichtete Linie (Malermeister pflegen so zu sprechen), dann wird anhand der vorgelegten Daten erkennbar, daß die Farbgestaltung im Vergleich mit der Stilgestaltung weitaus beständiger und traditioneller ausgerichtet ist: Der vorherrschenden (Bedürfnis-)Präferenz für »natürliche« Farben steht keine bestimmte andere Farbgestaltungspräferenz, beispielsweise »modern«, deutlich gegenüber, lediglich eine Vielzahl von unterschiedlichen Möglichkeiten. Auch die Auswertung der bevorzugten Farbgestaltung unter Bezug auf die Altersstruktur der Befragten bestätigte die hohe Festigkeit der Tendenz zur traditionellen Ausrichtung. Wohl zeigte sich bei der Gruppe der jüngsten Befragten, den 20- bis 29jährigen, ein leichtes Abgleiten der Dominanz der Orientierung an »möglichst natürlichen Farben«: Nur noch 39 % dieser Gruppe verdeutlichten ihre Präferenz für die »natürliche« Farbgestaltung, während sich 23 % für eine möglichst »weiße« und »helle« entschieden.

Ein Vergleich zwischen den über die Altersstruktur der Befragten erzielten Ergebnissen, einmal auf die Stilpräferenzen, das andere Mal auf die Farbpräferenzen bezogen, zeigte für die Farbenwahl eine sehr langsam fortschreitende Entwicklung auf, die damit zusammenhängen dürfte, daß der Bereich Farbenbedürfnisse weniger stark an konkrete Gegenstände und Symbole gebunden ist als der Bereich Möbelbedürfnisse.

Kapitel 9

Allgemeine Wertsetzungen

1. Einstellungen zu Wohnwerten

Bis zu diesem Punkt unserer Darstellung wurden anhand der Ergebnisse aus der Repräsentativbefragung schon eine ganze Anzahl von nachweislich vorhandenen Wohnwerten bei der westdeutschen Bevölkerung vorgelegt. Jetzt gilt es, weiterführend festzustellen, welche Aspekte des Wohnerlebnisses *ganz allgemein* bei den Befragten besonders wichtig waren, welche inhaltliche Ausrichtung und Gestaltung das Wohnen in ihren Vorstellungen haben sollte, um damit zu einer Übersicht über die für das Wohnerlebnis wichtigen und weniger wichtigen Wertsetzungen zu gelangen.

Hierzu bedurfte es der Aussagen der Befragten zu dem, was sich schlechthin als der *Stellenwert* einer Wohnung bezeichnet findet. Um diesen bei den Befragten erfassen zu können, bedienten wir uns eines Verfahrens, welches auf der Erforschung *persönlicher Einstellungen* von Befragten beruht, auf der Ausrichtung des Wertens.[33] Dementsprechend wurde unsere Frage zu dieser Thematik formuliert. Sie lautete: »Wie Sie vielleicht selbst schon festgestellt haben, gibt es heute sehr unterschiedliche Meinungen darüber, welchen Stellenwert die Wohnung für den einzelnen Menschen hat, welche Bedeutung also z. B. die Einrichtung für denjenigen hat, der darin lebt. Ich lese Ihnen dazu jetzt unterschiedliche Aussagen vor. Bitte sagen Sie mir jeweils anhand dieser Skala, inwieweit die jeweilige Aussage Ihrer eigenen Einstellung entspricht.«

Die Skala hatte die Antwortvorgaben: »Entspricht meiner persönlichen Einstellung: 1) völlig – 2) ziemlich – 3) etwas – 4) überhaupt nicht – 5) trifft für mich nicht zu.«

Die Antwortprozentsätze zu den vorgelesenen Statements zum Stellenwert der Wohnung sind in *Tabelle 15* als Rangliste der Wertsetzungen beim Wohnerlebnis wiedergegeben.

33 Zur Erläuterung des Begriffs »Einstellung« in der soziologischen Forschung siehe *Wilhelm Bernsdorf* (Hrsg.), Wörterbuch der Soziologie, Stuttgart 1969, S. 211 ff.; *Günter Hartfiel und Karl-Heinz Hillmann*, Wörterbuch der Soziologie, 3. Aufl., Stuttgart 1972, S. 159 f.

Tabelle 15: **Aussagen zum Stellenwert der Wohnung**

Zeichenerklärung »entspricht meiner Einstellung . . .
(1) = völlig
(2) = ziemlich
(3) = etwas
(4) = überhaupt nicht.«
Dsw. = Durchschnittswert
NZ = »trifft für mich nicht zu«
KA = Keine Angabe

1. (erholen; entspannen; sich verhalten, wie einem gerade ist) »Das Entscheidende einer Wohnung ist wohl, daß man sich dort erholen und entspannen kann und sich auch mal so verhalten kann, wie einem gerade danach ist.«	Dsw.	1,4
	(1)	68 %
	(2)	24 %
	(3)	6 %
	(4)	1 %
	NZ	–
	KA	1 %
2. (Familie) »Eine Wohnungseinrichtung sollte so gewählt sein, daß sie die Zusammengehörigkeit und die gemeinsame Aktivität, z. B. der Familie fördert.«	Dsw.	1,6
	(1)	53 %
	(2)	33 %
	(3)	11 %
	(4)	1 %
	NZ	2 %
	KA	1 %
3. (Qualität: gute, solide Einrichtung) »Beim Möbelkauf ist vor allem auf die Qualität von Material und Verarbeitung Wert zu legen, damit man sich solide und gut einrichtet.«	Dsw.	1,8
	(1)	41 %
	(2)	39 %
	(3)	15 %
	(4)	2 %
	NZ	2 %
	KA	–
4. (persönliche Freizeit) »Die Wohnung ist der Ort, an dem vor allem anderen meine persönliche Freizeitbeschäftigung möglich sein muß«.	Dsw.	1,9
	(1)	41 %
	(2)	34 %
	(3)	18 %
	(4)	4 %
	NZ	2 %
	KA	
5. (ungestörte Arbeit) »Eine Wohnung muß vor allem so eingerichtet sein, daß man darin ungestört arbeiten kann.«	Dsw.	1,9
	(1)	38 %
	(2)	32 %
	(3)	20 %
	(4)	5 %
	NZ	3 %
	KA	–

(noch Tabelle 15)

6. (praktische, pflegeleichte, variable Einrichtung) »Einrichtungen und Möbel sollten vor allem praktisch, pflegeleicht oder auch variabel sein, damit sie ihren Gebrauchszweck möglichst gut erfüllen. Das ist viel wichtiger, als daß sie besonders ›stilecht‹, ›wertvoll‹ oder ›kunstvoll‹ sind.«	Dsw. (1) (2) (3) (4) NZ KA	2,0 38 % 33 % 21 % 6 % 2 % 1 %
7. (Repräsentation) »Die Wohnung ist ja eigentlich auch ein Ausdruck der gesellschaftlichen Stellung, die jemand einnimmt. Wenn man sich einrichtet, sollte man es deshalb so tun, daß man sich mit seiner Wohnung auch sehen lassen kann.«	Dsw. (1) (2) (3) (4) NZ KA	2,2 24 % 33 % 26 % 10 % 6 % 1 %
8. (durchgängiger Einrichtungsstil) »Das Gelingen einer Einrichtung hängt davon ab, ob man einen bestimmten Stil wirklich durchgängig einhalten und unangenehme ›Stilbrüche‹ vermeiden kann.«	Dsw. (1) (2) (3) (4) NZ KA	2,4 21 % 29 % 27 % 16 % 6 % 1 %
9. (Kunst; Möbel als Kunst) »Möbel sind in gewisser Hinsicht ja auch Kunst. Deshalb sollte man auch darauf achten, daß die gesamte Einrichtung zu den übrigen Kunstgegenständen in der Wohnung paßt.«	Dsw. (1) (2) (3) (4) NZ KA	2,4 20 % 29 % 27 % 15 % 9 % –
10. (nicht zu teuer) »Das Wohnen und die Einrichtung darf nicht zu viel Geld kosten. Gerade beim Wohnen kann man sehr viel sparen, wenn man darauf achtet.«	Dsw. (1) (2) (3) (4) NZ KA	2,4 19 % 30 % 30 % 14 % 5 % –
11. (Konvention; Tradition) »Auch bei der Einrichtung sollte man in Stil und Gepflogenheiten den Gewohnheiten seiner Herkunft, der Familie in gewisser Weise treu bleiben.«	Dsw. (1) (2) (3) (4) NZ KA	2,5 20 % 29 % 26 % 18 % 7 % –

Zur Erläuterung der Tabelle sei gesagt, daß der jeweils angeführte Durchschnittswert sich auf die ordinale Reihe der oben angeführten Antwortvorgaben bezieht. Das heißt: Je höher dieser Wert ist, desto weniger trifft diese Aussage durchschnittlich zu. Beispielsweise läßt ein Durchschnittswert von 1,5 erkennen, daß die Befragten im Durchschnitt eine Position zu der entsprechenden Aussage einnehmen, die sich genau zwischen den Positionen »Aussage entspricht meiner persönlichen Einstellung *völlig*« und »Aussage entspricht meiner persönlichen Einstellung *ziemlich*« befindet.
Die hier vorgelegte, nach den Ergebnissen angeordnete Rangliste der Wertsetzungen beim Wohnerlebnis läßt sich in einen oberen, mittleren und unteren Bereich geltender Wohnwerte einteilen. In den oberen Bereich (Rangpositionen 1 und 2) plazieren sich die Wertsetzungen auf »sich verhalten können, wie einem danach ist« und die auf »Zusammenleben« (z. B. der Familie) ausgerichteten. Im mittleren Bereich (Rangposition 3 bis 6) befinden sich einrichtungsbezogene Wertsetzungen wie »Möbelqualität« und »praktische Einrichtung« neben inhaltlich ausgerichteten Werten wie »persönliche Freiheit«, »ungestörte Arbeit« und »Repräsentation«. Im unteren Bereich dann (Rangpositionen 7 bis 11) sehen wir Werte mit inhaltlich speziellerer Ausrichtung, die eher an bestimmte Befragtengruppen gebunden sind, wie »durchgängiger Einrichtungsstil«, »Möbel als Kunst«, »nicht zu teure Einrichtung« und »Konvention/Tradition«.
Beim Rangplatz zum Wert der Wohnung als Ort »ungestörter Arbeit« (Rangposition 5) ist eine Einschränkung zu machen. Da wir feststellen konnten (siehe Kapitel 7), daß die Gruppe derer, die ihre Wohnung als Ort der erwerbsmäßigen Arbeit nutzt, verschwindend klein ist, dürfte bei der Wertsetzung in diesem Fall eher der Zustand »ungestört« und nicht der der »Arbeit« für das Antwortverhalten ausschlaggebend gewesen sein.
Wie dem auch sei, insgesamt läßt die Einstellung der Befragten eine Wertsetzung der Wohnung erkennen, die von der Welt der Öffentlichkeit (z. B. Gelderwerb) entfernt liegt: Die Wohnung als Ort der privat-persönlichen Zurückgezogenheit dominiert. So ist dementsprechend dann auch das Wohnerlebnis primär auf das engste persönliche Umfeld bezogen (z. B. die Familie), und Ansprüche an die Einrichtung – wie Qualität, Funktion, Stil etc. – sind diesem Bezug untergeordnet. In diesem Zusammenhang ist auf die Wertsetzung der Wohnung als Mittel der »Repräsentation« hinzuweisen (Rangposition 7), die sich wohl deswegen im unteren Bereich der Rangliste befindet, weil die Repräsentationsfunktion der Wohnung im Schnittpunkt der Orientierung nach innen, zur Privatsphäre hin, und der Orientierung nach außen, zum sozialen und öffentlichen Leben hin, gelegen ist.
Wir möchten nicht versäumen, die Dienlichkeit der *Tabelle 15* an einem weiteren Beispiel aufzuzeigen, obwohl sie doch, wie man zu sagen pflegt, »von selbst spricht«. Zu diesem Zwecke wenden wir uns der an neunter Stelle der

Rangliste stehenden Einstellung gegenüber dem Wohnwert »Kunst« zu, zumal es als eine Selbstverständlichkeit gilt, das Heim »kunstvoll« auszuschmücken, sei es durch Möbel, Bilder, Meißener Porzellan oder kunstgewerbliche Ziergegenstände aller Arten.
Da beim Ankauf von Kunstgegenständen wie bei dem von Wohnungseinrichtungen beim Durchschnitt der Bevölkerung weniger Kennerschaft eine Rolle spielt als durch den Sozialisationsprozeß hervorgerufene Bindungen an Stil und Gepflogenheiten der Herkunft, bot sich ein Vergleich zwischen den Wertsetzungen für »Kunst« (Rangposition 9) und »Konvention/Tradition« (Rangposition 11) an. Als Einflußgrößen wurden die Variablen: Alter, vorhandener Einrichtungsstil und Lesen, speziell die Nutzung bzw. Rezeption von sich mit künstlerischer Gestaltung der Wohnung befassenden Wohnzeitschriften bestimmt.
Mit Bezug auf das *Alter* der Befragten ließ sich bei dem Vergleich zwischen den Wertsetzungen für »Kunst« und »Tradition/Konvention« feststellen, daß mit zunehmendem Alter die Wertsetzung »Tradition/Konvention« wichtiger wird. Für die Wertsetzung »Kunst« wurde beim Zusammenhang mit der Altersstruktur der Befragten keine fortlaufende Abfolge erkennbar. Nur bei der mittleren Altersgruppe ergab sich eine etwas höhere Wertsetzung für »Kunst«.
Mit Bezug auf den *vorhandenen Einrichtungsstil* zeigte sich, daß bei einem Vergleich der erhobenen Daten zum konventionellen und zum funktionalen Stil die Wertsetzung für »Kunst« bei den Befragten mit einer Präferenz für den funktionalen Einrichtungsstil abnahm. Gleichermaßen nahm die Wertsetzung für »Tradition/Konvention« bei den Befragten mit einer Präferenz für den funktionalen Stil gegenüber denjenigen mit Präferenz für den konventionellen Stil ab.
Mit Bezug auf die *Rezeption von Wohnzeitschriften* erwies sich bei den Befragten, die Wohnzeitschriften lesen, eine geringere Wertsetzung für »Tradition/Konvention«, dafür aber eine höhere Wertschätzung für »Kunst« als bei denjenigen Befragten, die keine Wohnzeitschriften lesen.
Über die Einzelheiten hinweg macht das sich auf persönliche Einstellungen gründende Beispiel zu Haltungen gegenüber »Kunst« und »Tradition/Konvention« klar, daß die gegen die Erniedrigung der Kunst und das Festhalten an Tradition angehenden Angriffe selbsternannter Kulturverteidiger meilenweit von der Wirklichkeit entfernt liegen.

2. Einstellungen zu Wohnveränderungen

Aus der Zusammenführung von Wertsetzungen zum Wohnen und solchen zur Einrichtung ergibt sich, grosso modo gesprochen, die Wertsetzung des Wohnerlebnisses. Drum haben uns zusätzlich auch *persönliche* Einstellungen zu

interessieren, solche, die erkennen lassen, ob überhaupt und, wenn ja, wohingehend bei den Befragten an Veränderungen im Stellenwert des Wohnens und der Einrichtung gedacht worden ist. Dementsprechend wurde zunächst die Grundfrage »Hat sich Ihre eigene Einstellung zum Wohnen und zum Stellenwert der Einrichtung im Laufe Ihres Lebens schon mal verändert, oder ist das nicht der Fall?«[34] gestellt.
Wenn man bedenkt, daß immerhin viel umgezogen und Neues angeschafft wird, daß repariert, renoviert und weggeworfen wird, sind die Ergebnisse auf die Frage über Einstellungen zu Wohnveränderungen recht verblüffend. Ließen doch nur 22 % der Befragten eine solche Einstellung erkennen, während 61 % der Befragten wissen ließen, daß sich ihre Einstellung *nicht* verändert hat.
An 17 % der Befragten, und zwar an denjenigen, die unsere Frage mit »weiß nicht« beantworteten – bestimmt keine gerade kleine Menge –, müssen in ihrem Bewußtsein selbst die geringsten Veränderungen sozusagen spurlos vorübergegangen sein. Dieser hohe Anteil der Befragten, die nicht wußten, ob sich ihre Einstellung zum Stellenwert von Wohnen und Einrichtung schon einmal verändert hat, muß wohl auf einer Fehlrichtung unserer Frage beruhen, denn wir erhielten mehr Auskünfte über den Erwägungsstand der Befragten als über tatsächlich vorhandene Einstellungsveränderungen.
Um hier nicht ins Abseits zu geraten, wurden die aus der oben angeführten Frage 41 erhaltenen Antworten unter Bezugnahme auf Alter, Bildung und Kinder im Haushalt ausgewertet, was uns die Erkenntnis erbrachte, daß die verblüffenden Diskrepanzen zweifellos im Zusammenhang mit dem Ablauf des Familienzyklus stehen, der hier mit Bezug auf Wohnveränderungen über die folgenden zwei bis vier möglichen Stationen verlaufen sein muß:

erst:	Herkunftsfamilienwohnung;
dann:	als eventuelle Zwischenstation Ein-Personen-Haushalt;
danach:	Familiengründung mit Umzug und/oder Neuorientierung der Einstellungen und Wertesetzungen;
schließlich:	vor allem bei Familienauflösung erneuter Umzug und/oder Umorientierung der Einstellungen und Wertesetzungen.

Zurück zu den Einstellungsveränderungen, und zwar zu den 22 % der Befragten, die nicht nur über Veränderungen im Laufe ihres Lebens mal »reflektiert« hatten, sondern mit *Inhalten* der Einstellungsveränderungen aufwarten konnten, Antworten, die sie auf die Frage gaben »Was hat sich genau geändert? Was also war Ihnen beim Wohnen früher wichtig und was heute?«[35]
Aus den nicht vorgegebenen Antworten mit Mehrfachnennungen wurde die hier folgende Rangliste der Angaben über die Inhalte der Einstellungsverände-

34 Siehe Fragebogen im Anhang, Frage 41.
35 Siehe Fragebogen im Anhang, Frage 42.

Tabelle 16:
Inhalte von Einstellungen zu Wohnveränderungen

Änderung des Geschmacks, des Stils allgemein	17 %
heute: Qualität von Material und Verarbeitung, gehobene Ausführung, gut und solide, teuer (. . . früher anders)	16 %
heute: individuelles Wohlbefinden, Bequemlichkeit, Gemütlichkeit (. . . früher anders)	14 %
früher: individuelles Wohlfühlen (. . . heute anders)	10 %
früher: preiswerte, einfache Ausführung (. . . heute anders)	13 %
Stellenwert des Wohnens ist allgemein wichtiger geworden	11 %
heute: praktisch, zweckmäßig (. . . früher anders)	11 %
früher: praktisch, zweckmäßig (. . . heute anders)	7 %
früher: Bevorzugung eines bestimmten Stils (. . . heute anders)	10 %
heute: Bevorzugung eines bestimmten Stils (. . . früher anders)	9 %
früher: mehr Wert auf durchgängigen Stil, Zusammenstellung (. . . heute anders)	4 %
heute: mehr Wert auf durchgängigen Stil, Zusammenstellung (. . . früher anders)	4 %
größere Ansprüche räumlicher Art	5 %
Veränderung der räumlichen Gegebenheiten	4 %
sonstiges	1 %
keine Angaben	3 %

rungen zusammengestellt. Dabei haben wir die entsprechend zueinander gehörenden Aussagen so untereinander gestellt, daß der Vergleich von »früher zu heute« erkennbar wird.

Wie aus *Tabelle 16* ersichtlich, ergaben sich zwei ganz allgemein bezogene Inhalte von Einstellungen zu Wohnveränderungen: Geschmacks- und Stilveränderungen mit 17 % und allgemeiner Stellenwert des Wohnens mit 11 %. Weitaus indikativer für den Einfluß des sozialen Wandels auf Kondition und Konstitution des Wohnerlebnisses sind vor allem Aussagen der Art wie »*Früher* habe ich Wert auf preiswerte, einfache Ausführung meiner Einrichtung gelegt« mit 13 % (Kolumne 5) – »*Heute* lege ich Wert auf Qualität von Material und Verarbeitung, gehobene oder gute und solide Ausführung oder teure Einrichtung« mit 16 % (Kolumne 2).

Zusammenfassend lassen sich vor allem die Bereiche Einrichtungsqualität versus Einrichtungskosten – Einrichtungsfunktionalität – Stilpräferenzen – individuelles Wohlfühlen als diejenigen Themen erkennen, bei denen es im Laufe des Lebens der Befragten zu Einstellungsveränderungen und damit zu Veränderungen bei den Wertsetzungen gekommen ist. Einstellungen zu Wohnveränderungen, die sich auf Grundbedingungen des Wohnens beziehen, z. B. Größe der Wohnung, lagen maximal nur zwischen 5 % und 9 %.

3. Einstellungen zu Grundrißveränderungen

Jedesmal, wenn das Thema »Wohnungsnot« und seine Lösung zur Diskussion steht, werden Möglichkeiten erörtert, Wohnungen mit veränderbarem Grundriß zu errichten. Das war gegen Ende der siebziger Jahre der Fall, und so ist es heute wieder. Schon damals stieß dieser Lösungsvorschlag bei der Bevölkerung auf wenig Sympathie, so daß wir uns eigentlich ein erneutes Angehen dieses Komplexes hätten ersparen können. Wenn wir uns dennoch mit der Frage »Fänden Sie es sinnvoll, wenn Sie in Ihrer Wohnung den Wohnungsgrundriß z. B. durch verstellbare Wände oder ähnliches von Zeit zu Zeit verändern könnten, oder halten Sie das nicht für nötig?«[36] an die Befragten wandten, leitete uns die Idee, daß eine Auswertung der Antworten Indikatoren zum Reflexionsstand der Befragten sowie zur weiteren Erkenntnis der Bedürfnisstruktur zeitigen könnten. Kann doch kein Zweifel darüber bestehen, daß die Möglichkeit, den Wohnungsgrundriß zu variieren, erstens individuelle Gestaltungsmöglichkeiten der in hohem Maße starren und unbeeinflußbaren Grundbedingungen des Wohnerlebnisses erhöhen würden und zweitens sich wandelnden Wohnbedürfnissen dort nachkommen könnten, wo zum Beispiel in Mehrpersonen-Haushalten Raum für die Separation zwischen individuellem und gemeinschaftlichem Wohnen zu erreichen versucht wird.
Wie vorauszusehen war, fanden nur 20 % der Befragten die Möglichkeit, in ihrer Wohnung von Zeit zu Zeit den Grundriß durch verstellbare Wände zu verändern, sinnvoll. 13 % der Befragten antworteten mit »weiß nicht«, was offensichtlich bedeutet, daß sie mit einer Veränderungsmöglichkeit nichts anfangen konnten; von dem überwiegenden Prozentsatz von 65 % wurde die Möglichkeit als »nicht nötig« abgelehnt.
Nach diesem negativen Gesamtergebnis über die Einstellungen zur Grundrißveränderlichkeit wandten wir uns derjenigen Gruppe zu, die in ihren Einstellungen Interesse (»sinnvoll«) an einem variablen Wohnungsgrundriß bezeugten. Die Analyse bediente sich der Variablen: Alter, Bildungsgrad, Haushalt mit Kindern, vorhandener Einrichtungsstil und Lesen von Wohnzeitschriften. Hier sind einige der wichtigsten Ergebnisse für die Einstellungen der *Veränderungsbefürworter*:
Insgesamt war bei den Gruppen der Jüngeren, denen mit höherem Bildungsabschluß, bei Haushalten mit Kindern, bei Bewohnern, deren Einrichtungsstil funktional und/oder modern ausgerichtet war, und bei der Gruppe der Leser von Wohnzeitschriften der Anteil der Veränderungsbefürworter überdurchschnittlich hoch.
Mit zunehmendem Alter zeigte sich die Einstellung gegenüber einer Grundrißvariabilität immer weniger wichtig, was zum einen mit dem Auszug der

36 Siehe Fragebogen im Anhang, Frage 27.

Kinder zusammenhängen dürfte, zum anderen von einer mit dem Alter einhergehenden wachsenden Verfestigung von Wertsetzungen. Verständlicherweise bewerteten Befragte aus Haushalten mit Kindern die in der Frage angesprochene Möglichkeit deutlich häufiger positiv als Befragte aus Haushalten ohne Kinder.

Beim Thema »Reflexionsstand« der Befragten zeigten sich Zusammenhänge mit dem Bildungsgrad, dem vorhandenen Einrichtungsstil und dem Lesen von Wohnzeitschriften. Hier traten Wohngestaltungsbedürfnisse hervor, die weniger auf direkten Lebensbedingungen – wie z. B. dem Vorhandensein von Kindern – beruhten als auf dem Bedürfnis nach stärker individuell ausgerichtetem Persönlichkeitsausdruck. Es dürfte wohl so sein, daß Befragte mit höherem Bildungsstand eher als Befragte mit niedrigeren Bildungsabschlüssen persönliche Gestaltungsmöglichkeiten durch Grundrißveränderungen erwägen, was ebenso bei Befragtengruppen der Fall sein dürfte, die ihren Einrichtungsstil als absolut nicht konventionell zu erkennen geben wollen, auch wenn er es in Wirklichkeit ist.

Kapitel 10

Propagierte Wertsetzungen

Teil I

Das Wohnerlebnis und die Massenmedien

1. Nutzung und Rezeption von durch Massenmedien propagierten Wohnleitbildern

Im vorhergehenden Kapitel sind wir zentralen Wertsetzungen bei der westdeutschen Bevölkerung nachgegangen, die für das Wohnerlebnis und seine Gestaltung insofern von eminenter Bedeutung sind, als sie den *Stellenwert* der Wohnung für den einzelnen mit allem, was damit in Verbindung steht, beeinflussen und letztlich bestimmen. Dabei wurde von den *persönlichen Einstellungen* der Befragten ausgegangen, gleich, ob diese in die gegenwärtige Realität ihres Wohnens umgesetzt worden waren oder als zukünftige Vorstellungen Geltung haben sollten. Einstellung, diese selektive Ausrichtung des Denkens, Wahrnehmens, Erkennens, Urteilens und Wertens, ist eine personenbezogene, eine das Individuum prädisponierende Angelegenheit. Die von der Person ausgehende Einstellung, vielfach auch als Attitüde oder Haltung bezeichnet, folgt, wenn es sich um Wohnwertsetzungen handelt, den Richtunggebungen, die – abgesehen von Prägungen durch den Sozialisationsprozeß – von *außen* auf das Individuum zukommen: von dorther aufgenommen, verarbeitet, angenommen werden oder nicht.
Hier wird von *Leitbildern* gesprochen, von von außen, generell gesagt von der »Umwelt« auf das Individuum zukommenden Vorstellungen, die Handeln und Entscheiden leiten oder zumindest leiten können, was sich bis hin zu Ideen, Leistungen, Habitus, Status, Lebensstil etc. und auch auf Wohnen erstreckt. Bei letzterem spielen in einer Konsumgesellschaft zweifellos die den einzelnen umgebenden Massenmedien mit ihren dokumentierenden, informierenden und propagandierenden Gehalten eine nicht zu unterschätzende Rolle, insbesondere was die das Wohnerlebnis nach den mannigfachen von uns aufgezeigten Richtungen hin bestimmende Einrichtung der Wohnung angeht. Zwar können auch Gespräche, die Einrichtungen bei Freunden und Bekannten oder Kino-

und Fernsehfilme zu Leitbildern werden – aber um sie sozusagen »festzunageln«, um sie einigermaßen beständig und nicht nur momentan vor Augen zu haben und auch, um sie anpreisen zu können, dazu dienen doch wohl am ehesten gedruckte Vorlagen, kurzum die Druckmedien. Deshalb sind wir bei dem Beziehungsgeflecht zwischen Wohnerlebnis und den Medien in ihrer Leitbildfunktion nur dem *gedruckten* Bild und Wort nachgegangen.
Zu den Massenprintmedien, die hierfür in Frage kamen, wählten wir Tageszeitungen und Zeitschriften aus, die sich mit Wohn- und Einrichtungsfragen befassen. Da vielfach befürchtet und oft gar behauptet wird, daß die Nutzung und in deren Folge auch die Auswirkungen der Printmedien gegenüber den elektronischen Medien (Radio, Fernsehen, Video) bedenklich nachgelassen habe, mußte zunächst – als Grundvoraussetzung für die Ergründung von Wertsetzungen durch veröffentlichte Leitbilder – der Frage nachgegangen werden, wie es um die *Rezeption* der angeführten Medien bei der Bevölkerung bestellt ist. Die über die Frage 30 (Wortlaut im Fragebogen im Anhang) vorgenommene Einbeziehung des Buchbesitzes in den Haushalten, wohlbemerkt *nicht* die Buchlektüre, diente lediglich zur Erkenntnis der Abfolge in der Gewichtigkeit der einzelnen Medien. Sie nimmt in der Abfolge: Bücher – Tageszeitungen – Zeitschriften stetig zu, was für unsere Erkundungen auf die relativ geringere Bedeutung des Mediums »Buch« im Vergleich zu Tageszeitungen und Zeitschriften hinweist. Dieser geringeren Verbreitung der Buchlektüre im Vergleich zum Lesen von Zeitungen oder Zeitschriften kamen wir schon einmal bei der Erhebung der Tätigkeiten in der Wohnung entgegen (siehe *Tabelle 8*, Seite 47/48).
Bei der Frage nach der Regelmäßigkeit der Lektüre von Tageszeitungen und Zeitschriften[37] – diesen Anbietern und Verbreitern von Leitbildern – antworteten mit Bezug auf die Tageszeitungen 17 % aller Befragten mit »Nein«, d.h. sie lesen zumindest *nicht regelmäßig* eine Tageszeitung; mit Bezug auf eine detaillierte Liste von Zeitschriften (von Fernseh- bis Fachzeitschriften) antworteten 9 % aller Befragten mit »Nichts davon«, d. h., sie lesen zumindest *nicht regelmäßig* Zeitschriften. Umgerechnet auf das *regelmäßige* Lesen heißt das: 83 % aller Befragten lesen regelmäßig Zeitungen, und 91 % der Befragten lesen regelmäßig Zeitschriften.
Ohne näher darauf einzugehen, ob das Überwiegen der regelmäßigen Zeitschriftenlektüre gegenüber der der Tageszeitungen auf unterschiedlicher Aufmachung und Gestaltung, breiterer thematischer Streuung, Anschaffungspreis oder Sättigung mit Tagesnachrichten durch das Fernsehen beruht, festzuhalten bleibt, daß sich beide Printmedienarten zur Propagierung von Wertsetzungen durch Leitbilder beim Wohnerlebnis anbieten und deshalb für unsere Analyse als eine gesicherte Grundlage in Frage kamen.

37 Siehe Fragebogen im Anhang, Fragen 31 und 32.

Der Zeitschriftenmarkt hat sich über die Jahrzehnte enorm vergrößert, was unter anderem auf immer neue Setzungen von Themenschwerpunkten zurückzuführen ist: mal ist es das Auto, mal die Frau, das Golfspiel, die Freizeit, das Essen etc. und so auch das Wohnen. Dementsprechend wird von Zeitschriften zu sprechen sein, die, was ihre Nutzung und Rezeption betrifft, Leitbilder zum Wohnen enthalten und propagieren. Dabei gilt um der Akribie willen zum einen anzumerken, daß es nicht nur diejenigen Zeitschriften sein werden, die sich in ihrem Titel – durch Benutzung des Wortes »Wohnen« angekündigt – ausschließlich mit Wohn- und Einrichtungsfragen befassen, sondern hierunter beispielsweise auch Frauen- und Baukassenzeitschriften fallen. Zum anderen ist darauf hinzuweisen, daß mit dem im folgenden Abzuhandelnden das Problem der *Auswirkungen* auf das Wohnerlebnis in – seinen Facetten »Verhalten« und »Einrichtung« durch über Printmedien propagierte Wertsetzungen nicht, gegebenenfalls nur richtungweisend berührt wird. Die wohlbekannte und vieldiskutierte Schwierigkeit der Meßbarkeit von medialen Wirkungsweisen war zu beachten.[38]
Um bei unserer in den Gesamtrahmen der Befragung eingebauten »Wohnzeitschriften-Leserbefragung« schrittweise vorzugehen, war zunächst das Interesse an *Artikeln* zum Wohnen und nicht nur oder hauptsächlich an *Bildern* festzustellen, womit sowohl das Wahrnehmungsgefälle als auch die Leseintensität angesprochen werden sollten.[39] Insgesamt 63 % aller Befragten, das sind 902 Fälle, beachteten häufiger oder gelegentlich die Artikel zum Wohnen, wobei »häufiger« mit 13 % und »gelegentlich« mit dem weitaus höheren Prozentsatz von 50 % zu Buche stand. Umgerechnet auf die Teilmenge der Befragten, die Artikel zum Wohnen zumindest »gelegentlich« beachteten, ergab sich ein Prozentwert von rund 35 % aller Befragten, das sind 511 Fälle, die überwiegend den *Artikel* zum Bild lesen, d. h. bei denen die Rezeption von Artikeln zum Wohnen einen relativ hohen Intensitätsgrad erreicht. Bei ihnen, so darf angenommen werden, ist ein wie immer ausgerichtetes weitergehendes Interesse an Artikeln zum Wohnen und zur Wohnungseinrichtung vorhanden. Bei der Auswertung der Antworten zu Interesse und Rezeptionsintensität, betreffend Lektüre von *Artikeln* zum Wohnen nach der Geschlechterverteilung der Leser, ließ sich ein leichter Überhang der Frauen gegenüber den Männern erkennen, was die stets noch gängige, jedoch nicht unumstrittene Ansicht zu erkennen gibt, daß die Gestaltung des Wohnerlebnisses und deshalb auch das Interesse an Orientierungen für die Gestaltung in den westdeutschen Haushalten in erster Linie Sache der Frauen ist – wahrscheinlich einer der Gründe,

38 Siehe hierzu die Stichworte »Wirkung« und »Wirkungsforschung«, in: *Alphons Silbermann*, Handwörterbuch der Massenkommunikation und Medienforschung, Berlin 1982, Band 2, S. 488 ff.

39 Hierzu die Fragen 33 und 34 im Fragebogen im Anhang.

warum Frauenzeitschriften den Bereich »Wohnen« als festen Teil in ihr redaktionelles Programm aufgenommen haben.
In den Zusammenhang mit dem Wahrnehmungsgefälle für in Wohnzeitschriften veröffentlichten Leitbildern gehörten als nächstes die an die repräsentative Stichprobe der Bevölkerung gerichteten Fragen über Kenntnis von Zeitschriften, die sich speziell mit Wohnen und Wohnungseinrichtungen befassen, sowie über die Häufigkeit des Lesens von derlei Druckwerken.[40]
Von den 47 % der Befragten, die aussagten, daß sie sehr wohl eine Wohnzeitschrift kannten, waren aber nur 85 % in der Lage, den Titel einer dieser Zeitschriften zu nennen, was mit einer Fallzahl von 571 einem Prozentwert von 40 % aller Befragten entspricht. Von diesen 40 % aller Befragten, die den Titel einer Wohnzeitschrift kannten, wurden häufig gleich mehrere, meist zwei Titel auf einmal genannt. Und was die *Lesehäufigkeit* von Wohnzeitschriften betrifft, konnte nach den Antworten auf die diesbezügliche Frage errechnet werden, daß von den angeführten 47 % der Befragten, die angaben, Wohnzeitschriften zu kennen, 49 % der Befragten im Laufe des letzten Monats und 50 % vor einer länger als einen Monat zurückliegenden Zeit eine solche Zeitschrift gelesen hatten.
Um der Unterstellung entgegenzutreten, Wohnzeitschriften nach ihrer Qualität oder Auflagenhöhe bewertet zu haben, sei klargestellt, daß es uns nur darum ging, in auf die Befragten bezogenen Prozentwerten festzuhalten, wie viele unter ihnen, die ein für die westdeutsche Bevölkerung repräsentatives Sample ausmachen, sich für die Gestaltung ihres Wohnerlebnisses an Leitbildern orientieren, die als Wertsetzungen in Wohnzeitschriften propagiert werden. Es geht darum, die Einflußbereiche mit Fakten abzugrenzen und nicht das Geschwätz von den »geheimen Verführern« nachzuplappern.
Da zu den Leitbilder propagierenden Druckwerken auch die in reichlich großer Anzahl von den Einrichtungsherstellern verbreiteten *Prospekte, Kataloge und Werbebeilagen in Tageszeitungen* gehören, hatten wir auch deren Einflußbereich im Wahrnehmungsgefälle zu erkunden. Zunächst also zur Frage des Interesses, d. h., ob diese Druckwerke überhaupt beachtet werden und wann dies das letzte Mal der Fall gewesen war. Das Ergebnis aus den Antworten zur Frage: »Beachtung von Prospekten, Katalogen, Werbebeilagen« in Kombination mit den Antworten zur Frage: »Zeitpunkt der letzten Beachtung von Prospekten, Katalogen, Werbebeilagen«[41] liest sich wie folgt: 23 % der Befragten gaben an, regelmäßig, will heißen einmal im Monat, Prospekte etc. zu beachten; 43 % taten dies im letzten Monat wirklich; 27 % gaben an, gelegentlich, will heißen alle drei Monate, Prospekte etc. zu beachten; doch nur 11 % taten dies wirklich im Laufe der letzten drei Monate.

40 Siehe Fragebogen im Anhang, Fragen 35 und 36.
41 Siehe Fragebogen im Anhang, Fragen 37 und 38.

Die aus diesen Zahlen hervorgehenden Unstimmigkeiten unterliegen zweifellos dem Einfluß des Erinnerungsvermögens mit Bezug auf Zeitabläufe und dem damit verbundenen erinnerbaren Rezeptionsprozeß. Dennoch lassen sich die Prozentsätze zumindest als Indikatoren für die Tatsache ansehen, daß ein höherer Anteil von Befragten (ungefähr die Hälfte) im Laufe des letzten Monats Prospekte etc. zumindest angesehen haben. Ob sie sich darin vertieft haben, weil sie, sagen wir, Anschaffungspläne hatten oder aus Gewohnheit nur einen flüchtigen Blick darauf geworfen hatten, ist eine andere Frage, auf die in anderem Zusammenhang noch zurückzukommen sein wird.
Bleiben wir noch bei Erinnerungsvorgängen, die bei den Auswirkungen der Druckwerke auf Verhalten und Handeln der Rezipienten eine bedeutsame Rolle spielen. Die an diejenigen aus unserer Stichprobe gerichtete Frage, die zumindest gelegentlich Prospekte, Kataloge, Werbebeilagen von Möbelhäusern und/oder Einrichtungsherstellern beachtet hatten, lautete: »Können Sie sich an den Namen der Firma (des Herstellers) erinnern, von der dieser Prospekt, Katalog oder die Werbebeilage war?«[42] Die Auswertung der Antworten erbrachte das in *Tabelle 17* (Seite 82) dargestellte Ergebnis.
Mit 82 % der Namensnennung erreichten »Sonstige« den höchsten Erinnerungsgrad, der sich aus einer Ansammlung *regionaler* Möbelhäuser zusammensetzte. Den nächsthohen Grad mit 11 % finden wir bei nicht allein auf Möbel/Einrichtungsgegenstände spezialisierten Kaufhäusern, insgesamt ein Umstand, der darauf deutet, daß es sich bei den Prospekten zum überwiegenden Teil um Werbebeilagen in Zeitungen handelte, wie sie von regionalen Möbelhäusern gerne und häufig benutzt werden.
Was die anderen in *Tabelle 17* aufgelisteten Namensnennungen betrifft, handelt es sich um *überregional* tätige Firmen, die ihre Waren hauptsächlich mit Katalogen und Zeitschriftenanzeigen anpreisen. Wenn hierbei die Firma IKEA mit 7 % die meisten (Erinnerungs-)Nennungen erhielt, mag dies (neben der Anzeigenwerbung) an dem Vorgehen liegen, ihre Jahreskataloge frei in Haushalte verteilen zu lassen.
Der in *Tabelle 17* erkennbare leicht höhere Erinnerungsgrad beim weiblichen Geschlecht bestätigt das bereits angeführte Überwiegen der Frauen in der Interessenausrichtung.
Bei einer weiteren Auswertung der erhobenen Prozentsätze, diesmal im Hinblick auf die Frage nach Verbreitung und Beachtung (Rezeption) der unterschiedlichen Druckwerke, fiel auf, daß, während die Kenntnis von Wohnzeitschriften allgemein schon niedriger war als die Beachtung von Prospekten etc., dem nur 1 % der Befragten, die angaben, Prospekte zu beachten, aber nicht in der Lage waren, den Firmennamen zu nennen, ganze 15 % der Befragten gegenüberstanden, die angaben, eine Wochenzeitschrift zu beachten, aber

42 Siehe Fragebogen im Anhang, Frage 39.

Tabelle 17: **Erinnerung an den Firmennamen des zuletzt beachteten Prospektes**

	total	männlich	weiblich
Nein, weiß nicht	45 %	47 %	43 %
Ja	55 %	52 %	57 %
Keine Angaben	*	1 %	*
Summe:	100 %	100 %	100 %
Basis (100 % =)	917	378	539
Ja, und zwar:			
(nicht auf Möbel spezialisierte) Kaufhäuser:	11 %	13 %	9 %
Rolf Benz	*	1 %	–
Buch	–	–	–
DEWE Möbel	–	–	–
Domizil	–	–	–
Flötotto	1 %	1 %	1 %
Hülsta	1 %	2 %	*
Ikea	7 %	9 %	5 %
Interlübke	1 %	2 %	1 %
Ligne Roset	–	–	–
Musterring	1 %	2 %	1 %
WK Möbel	*	1 %	*
Sonstige	82 %	77 %	85 %
Keine Angaben	1 %	2 %	1 %
Summe	105 %	108 %	103 %
Basis (100 % =)	505	198	307

* = Prozentwert unter 1 %

keinen Titel zu nennen in der Lage waren – gewiß ein Ergebnis, das nachdenklich machen sollte, wenn es zur Beurteilung von erhofften bzw. erwünschten Wirkungen kommt.

Insgesamt läßt sich erkennen, daß Nutzung und Rezeption von in Printmedien propagierten Leitbildern für Wohnen, Wohnungseinrichtung und darüber hinaus das Wohnerlebnis ein eindeutig ausgerichtetes Interesse stärkeren oder minderen Grades an diesem Themenbereich voraussetzt. Auf dieses Interesse bezogen, führen, wie aufgezeigt werden konnte, Wohnzeitschriften ein hiervon direkt abhängiges Dasein, Prospekte und Werbebeilagen hingegen ein eher unabhängiges.

2. Quellen von Wohnleitbildern im Vergleich

Der Ankauf von Möbeln und anderen Einrichtungsgegenständen geschieht meist nicht ohne eine Orientierung, die mit dem Einholen von Rat und Information in engstem Zusammenhang steht. Hierdurch entstehen gewisse Einflußnahmen unterschiedlicher Stärke, die wie ein Leitbild Entlastung von Entscheidungsdruck hervorrufen. Dieser »Leitbildquelle« war nachzugehen. Eine der diesbezüglich gestellten Fragen sollte wissen lassen, wo man sich Rat, Information und Orientierung holen würde, falls man sich neu einzurichten gedenke; die andere Frage unterbreitete zur Auswahl Möglichkeiten zum Einholen von Rat, Information und Orientierung.[43] Bei der zweiten, der Auswahlfrage, wurden die Antwortmöglichkeiten vorgegeben, bei der ersten Frage nicht. Das Ergebnis der Gegenüberstellung zeigt *Tabelle 18*.

Tabelle 18: **Rat, Information und Orientierung beim Möbelkauf**

Wo würden Sie sich Rat, Information und Orientierung holen?			
Antworten *nicht* vorgegeben:		Antworten vorgegeben:	
Möbelhäuser/Fachgeschäfte	52 %	53 %	persönliche Verkaufsberatung in Geschäften
Prospekte/Kataloge	15 %	43 %	Prospekte/Kataloge
Freunde/Bekannte	11 %	40 %	Familienmitglieder
persönliche Verkaufsberatung		34 %	Schaufenster
in Geschäften	7 %	32 %	Freunde, Bekannte
andere Zeitschriften	6 %	23 %	Wohnzeitschriften
Wohnzeitschriften	3 %	14 %	Innenarchitekten/Raumausstatter
Innenarchitekten/Raumausstatter	3 %	8 %	andere Zeitschriften
in Kaufhäusern	2 %	6 %	Kollegen
Schaufenster	2 %	6 %	Ratgeberbücher
Testzeitschriften	1 %	5 %	Fernsehen
Möbelausstellung/Messe	1 %	2 %	elterliche Wohnung
sonstiges	1 %	1 %	sonstiges
brauche keinen Rat	11 %	8 %	brauche keinen Rat
keine Angaben	7 %	1 %	keine Angaben
Summenprozentuierung	134 %	Summenprozentuierung	276 %

Zum Verständnis der Tabelle ist anzuführen, daß bei der zweiten Frage, bei der Antworten vorgegeben und Mehrfachnennungen zugelassen waren, eine größere Streuung der Antworten sowie geringere Antwortverweigerung auftraten. Die breitere Streuung (vgl. die Höhe der Prozentwerte einzelner Antwortkategorien und den Summenprozentuierungswert) besagt, daß die tat-

43 Siehe Fragebogen im Anhang, Fragen 43 und 44.

sächlichen Möglichkeiten zum Einholen von Rat, Information und Orientierung weitaus größer und viefältiger sind, als dies den Befragten in den Sinn kam, wenn sie unvorbereitet und ohne Vorgabenhilfe befragt wurden.
Die Struktur der Leitbilder und die damit verbundene Stärke der Möglichkeiten einer Einflußnahme zeigen sich bei einem Vergleich der beiden in *Tabelle 18* nach Prozentsätzen angeordneten Rangfolge. Da inhaltlich zwischen den beiden Ranglisten kein Widerspruch besteht, lassen sich nach den in Prozente umgesetzten Antworten *drei Hauptbereiche* erkennen, bei denen sich Leitbilder als Orientierungsmöglichkeiten und gegebenenfalls Einflußnahmen gradmäßig unterscheiden:

1. Als stärkster bzw. wirksamster Faktor erweist sich der Markt, worunter einzureihen sind: Möbelhäuser, Verkaufsgespräche, Kataloge und Prospekte, Schaufenster, Innenarchitekten/Raumausstatter etc.
2. Als mittelstarke Faktoren zeigen sich *marktfremde Personen und Lebensbereiche,* worunter Familienmitglieder/Partner, Freunde/Bekannte, Kollegen, elterliche Wohnung etc. fallen.
3. Als niedrigster Faktor erweisen sich *nicht unmittelbar marktabhängige Medien,* als da wären: Wohnzeitschriften, Test- und andere Zeitschriften, Ratgeberbücher, Fernsehen etc.

Um die Probe aufs Exempel zu machen, d. h. um uns bei einem so auswirkungsrelevanten Gebiet wie »Einflußnahme« nicht momentaner Spontaneität auszusetzen und womöglich Fehlinformationen zu verbreiten, stellten wir zum Abschluß dieses Sektors der Befragung die Mehrfachnennungen zulassende Frage: »Wodurch werden Ihrer Meinung nach die meisten Menschen bei ihren Einstellungen über Wohnungseinrichtungen am stärksten beeinflußt?«[44]
Die Antworten nach Prozentsätzen, wiederum rangmäßig den drei Hauptbereichen zugeordnet, ergaben die gleiche Stärkegradverteilung:

1. Markt mit 137 %
2. Marktfremde Personen und Lebensbereiche mit 97 %
3. Nicht unmittelbar marktbezogene Medien mit 51 %

Dieses Ergebnis bedarf einer gewissen Einschränkung, die sich auf die *Kommunikationsform* in Sachen Rat, Information, Orientierung und Einflußnahme bezieht. Kennen wir doch neben »offenen« Kommunikationsformen, die sich beispielsweise durch Lektüre oder Gespräche mit Personen vollziehen, auch »verdeckte« Kommunikationsformen, die zu Leitbildern, Orientierungen und Einflußnahmen führen, wie z. B. der Blick auf die Wohnungseinrichtungen von Freunden, Kollegen, Eltern, in Schaufenstern oder in Kino- und Fernsehfilmen. Diese oft »Schleichwerbung« benannte verdeckte Kommunikationsform ist empirisch kaum erfaßbar, dürfte jedoch eine beachtliche Rolle bei der Wertsetzung des Wohnerlebnisses spielen.

44 Siehe Fragebogen im Anhang, Frage 45.

Teil II

Das Wohnerlebnis und die Werbung

1. Werbeträger und Werbegegenstand

Bevor wir uns einem weiteren Aspekt propagierter Wertsetzungen zum Wohnerlebnis zuwenden, diesmal der Werbung, ist der Begriff »Werbung« im Sinne, in dem wir ihn angehen, kurz zu umschreiben. Wir verstehen unter »Werbung« eine Tätigkeit, die es sich zum Ziel gesetzt hat, Personengruppen zum Zwecke des Absatzes von Produkten und Dienstleistungen zu beeinflussen. Das heißt: Werbung ist in Zweckbestimmtheit, Sprache, Bild und Wertebezugnahme sowohl Kommunikation als auch Kommunikationsmittel, quasi ein Massenmedium.[45] Als Massenmedium beeinflußt Werbung nicht nur Erwartungen von Konsumenten, sozialen Gruppen und Wertsetzungen, sondern, wie im folgenden mit Bezug auf das Erleben und die Gestaltung des Wohnens in Westdeutschland aufzuzeigen sein wird, sie *bezeugt* auch die Wertsetzungen. Zur Erfassung der durch Werbung propagierten Wertsetzungen und Leitbilder bedienten wir uns des Forschungsinstrumentariums »systematische Inhaltsanalyse« (beschrieben in Kapitel 3, Seite 21).

Der Gegenstand der Analyse sind *Anzeigen* für Einrichtungsgegenstände in denjenigen Printmedien, deren Nutzung und Rezeption wir zu Anfang dieses Kapitels entgegengekommen sind. Das Ausmaß ihrer Rezeption hat sich als relativ groß erwiesen, und ihr Anzeigenmaterial ist geeignet, sowohl verbale als auch optische Direkteindrücke zu hinterlassen, was nicht bei allen über Massenmedien verbreiteten Anzeigen der Fall ist.

Die Stichprobe der Inhaltsanalyse bestand aus insgesamt 676 analysierten Werbeeinheiten. Von diesen stammten aus:

- Wohnzeitschriften (»Schöner Wohnen«, »Wohn-Idee«, »Architektur und Wohnen«) 40,5 %;
  Katalogen und Prospekten von Möbelherstellern 35,2 %;
- Publikumszeitschriften (»Stern«, »Bunte«) 14,9 %;
- Frauenzeitschriften (»Brigitte«, »Freundin«) 9,3 %.

Wie vorauszusehen war, weisen die spezialisierten Printmedien – Wohnzeitschriften und Prospekte/Kataloge – den größten, die Frauenzeitschriften den geringsten Anteil auf; die Publikumszeitschriften nahmen mit 14,9 % die mittlere Position ein, was doch irgendwie erstaunlich ist. Grund hierfür war, daß sich bei den Publikumszeitschriften zu einem Anteil von 31,8 % aller Fälle aus der Stichprobe Werbeanzeigen für Produkte fanden, die an Einrich-

45 Siehe hierzu *Alphons Silbermann und Albin Hänseroth,* Medienkultur, Medienwirtschaft, Medienmanagement, Frankfurt a. M., Bern, New York, Paris 1989, S. 106 ff.

tungsgegenstände *angeglichen* waren, ohne direkt, sagen wir für einen Eßtisch oder für ein elegantes Interieur, zu werben: beispielsweise, wenn um einen Eßtisch herum eine Gruppe von Menschen sitzt, die eine bestimmte Tafelservicemarke benutzt, für die geworben werden soll, oder wenn im Hintergrund einer Anzeige für ein exquisites alkoholisches Getränk, bei dem sich ein Paar aus fein geschliffenen Gläsern zuprostet, ein exquisiter Wandschrank großen Ausmaßes gezeigt wird. Es werden bei diesen »Assoziationswerbungen« bestimmte, den dargestellten Einrichtungen innewohnende Wertsetzungen wie individueller, erlesener oder teurer Lebensstil benutzt, um den Werbeappell für ein Produkt zu erhöhen, das an sich mit Einrichtungsgegenständen nichts zu tun hat – ein Beispiel für die Funktionalisierung von Wohnleitbildern, auch wenn es sich um themenfremde Werbegegenstände handelt.
Die unterste Position der Frauenzeitschriften mit nur 9,3 % unserer Stichprobe deutet darauf hin, daß trotz des Bestehens eines festen redaktionellen Schwerpunkts für »Wohnen« eine Grenze erreicht ist, die durch das Überwiegen der Spezialausrichtung der Werbeinhalte auf Mode, Kosmetik etc. gesetzt ist.
Sehen wir uns jetzt an, auf welche Wohnräume sich nach unserer Stichprobe die dazugehörende Möbelproduktwerbung bezieht.

Tabelle 19: **Gegenstand der Einrichtungswerbung**

Werbung für Wohnzimmermöbel	47,0 %
Werbung für Schlafzimmermöbel	11,7 %
Werbung für Wohn- *und* Schlafzimmermöbel	9,5 %
Werbung für einrichtungsfremde Produkte	31,8 %
676 Fälle =	100,0 %

Faßt man die ersten drei Angaben zusammen, ergibt sich ein Anteil von 68,2 % aller Fälle für die *direkt* auf Möbel bezogene Werbung bzw. Wert- und Leitbildsetzung; in 31,8 % aller Fälle aus der Stichprobe werden Wohnleitbilder mit einrichtungsfremden Produkten gekoppelt – immerhin ein nicht unbeachtlicher Anteil für das Wirkungsgeschehen.
Das in *Tabelle 19* sichtbare starke Überwiegen der Wohnzimmermöbelwerbung gegenüber derjenigen für die Schlafzimmerausstattung (Kücheneinrichtungswerbung wurde nicht erhoben) reflektiert die gesamtgesellschaftliche Bedeutung des Wohnzimmers, wie sie bereits in Kapitel 6 (»Die Wohnräume«) aufgrund der Repräsentativbefragung ausgewiesen wurde. Die Wohnzimmermöbelwerbung entspricht offensichtlich einer Marktlage, die eine größere Investitionsbereitschaft der Bevölkerung für die Einrichtung des Wohnzimmers als für das Schlafzimmer aufweist, eine Bereitschaft, die letztendlich auf zwei Ursachen gründet: einmal auf der Repräsentationsfunktion des Wohnzimmers gegenüber der rein persönlich-intim ausgerichte-

ten Funktion des Schlafzimmers, zum anderen auf dem einfunktional ausgegrenzten Charakter des Schlafzimmers – Funktionsgewichtungen, wie wir sie mit der Unterscheidung zwischen »Raum höchster Nutzung« – »Persönlichster Raum« – »Wichtigster Raum« in Kapitel 6 haben erfassen können.

2. Zusammensetzung und Ausrichtung der Werbestimuli

Nach der Festlegung der Werbeträger und des Werbegegenstandes – also dem Ort für die Propagierung der für das Wohnerlebnis richtungweisenden Leitbilder und den zu propagierenden Objekten – galt es, den *Inhalt* der Anzeigen, der Mittel zur Propagierung und Anpreisung der Wertsetzungen für die Objekte zu erkunden. Wissen die Werbenden bei der inhaltlichen – nicht der graphischen – Konzeption der Anzeigen eigentlich, mit welchen Anreizen sie vor die Leser zu treten haben, damit das Angebot in Erfüllung gehe? Anders ausgedrückt: Gehen die Werbenden mit den bei ihren verbalen und/oder optischen Anpreisungen verwendeten Wertsetzungs-Stimuli in die Richtung der Wertsetzungen der zu umgirrenden Käufergruppe, oder verlassen sie sich dabei aufs sogenannte »Fingerspitzengefühl«, in der Hoffnung, daß der verwendete Stimulus – sei dieser ein eingeprägtes Stereotyp oder eine ausgefallene Übersteigerung – schon »ankommen« werde? Vergessen wir doch nicht, daß Werbung nicht nur eine rationale, sondern auch eine informative, ja gar, was das Wohnerlebnis im besonderen angeht, eine kreative Funktion hat.
Genug der erläuternden Worte. Wir haben ja in vorhergehenden Kapiteln die Vorstellungen vom und Einstellungen zum Wohnerlebnis genügend eingekreist, um ihnen jetzt die für das Wohnerlebnis relevanten, über die Werbung propagierten Stimuli gegenüberstellen zu können. Liegen sie in ihrer *Verwendungshäufigkeit* richtig, teilweise richtig oder falsch?
Zur Beantwortung dieser Fragestellung wenden wir uns als erstes der *formalen* Gestaltung der Möbelwerbung zu. (Die inhaltsanalytisch nicht zu erfassende Technik des »Layouts« bleibt außer Betracht.) Hierbei hat uns die Verwendung von visuellen und/oder verbalen Stimuli bei der Zusammensetzung von Anzeigen zu interessieren: das Verhältnis von Bild und Text. Bei der Wahrnehmung von durch Massenmedien propagierten Leitbildern, so konnten wir feststellen, geht das Bildliche über das Textliche hinaus. Fragt sich, ob das Überwiegen des Bildlichen von seiten der Werbenden berücksichtigt wird und in welchem Ausmaß, gleich, ob es sich um Kaufangebote eines bestimmten Einrichtungsgegenstandes handelt oder um die Propagierung allgemeiner Einrichtungsbedürfnisse.

– Aus der Gesamtheit der analysierten Anzeigen boten 65,5 % sowohl visuelle als auch verbale Stimuli an, wobei der Bildanteil – rein quantitativ gemessen – umfangreicher war.

- Der Anteil derjenigen Einheiten, die einen größeren Text- als Bildumfang anboten, belief sich auf 17,2 %.
- Bei 8,7 % der analysierten Anzeigen zeigte sich ein quantitativ ausgewogenes Verhältnis zwischen Text- und Bildanteil.

Extremfälle in der formalen Gestaltung traten mit den folgenden Prozentwerten auf:

- Bei 1,2 % der Anzeigen wurde außer dem neben dem Bild eingebrachten Produkt- bzw. Herstellernamen auf *zusätzliche verbale* Stimuli verzichtet.
- Bei 7,4 % der Anzeigen wurde außer der Abbildung der Möbel in ihrer bloßen Gegenständlichkeit auf *zusätzliche visuelle* Stimuli verzichtet.
- Anzeigen, die auf die bildliche Darstellung der angebotenen Einrichtungsgegenstände verzichteten, fanden sich so gut wie nicht.

Die bei 65,5 % der Anzeigen liegende Zusammensetzung aus einem gegenüber dem Textteil größeren Bildteil entsprach der in der Repräsentativbefragung nachgewiesenen Rezeptionsstruktur, gemäß der die Rezeption beispielsweise von Zeitschriftenartikeln zum Wohnen eine deutlich höhere Anzahl von nur die Bilder betrachtenden Rezipienten aufwies, d. h. den dazugehörigen Text übersehen.

Wir werden auf das Verhältnis von Text- zu Bildanteilen in Werbeeinheiten noch einmal zurückzukommen haben, wenn wir uns wie jetzt der Ausrichtung und Verwendung von in der Einrichtungswerbung auftretenden Stimuli zuwenden.

Zuvor jedoch halten wir es für angebracht, unter Gruppenüberschriften zusammengezogen, eine Auflistung derjenigen Stimuli (Antriebe, Reize, Verlockungen etc., die Reaktionen erzeugen sollen) vorzulegen, denen bei der Analyse von Text und Bild in den 676 Werbeeinheiten nachgegangen wurde.

Bei der *Textanalyse* traten die folgenden Stimuli hervor:

- *Ökonomische Stimuli,* wie: preiswert, billig, kostensparend u. ä.
- *Funktional-qualitative Stimuli* in Richtung *Qualität*, wie: gut, wertvoll, dauerhaft, Wertarbeit u. ä.
- *Funktional-qualitative Stimuli* in Richtung *Zweck,* wie: Praktikabilität, Platzökonomie, sauber, pflegeleicht u. ä.
- *Stimuli des sozialen Lebens*, wie: Familienleben, Geselligkeit, Freunde, Gastlichkeit, Kommunikation u. ä.
- *Stimuli der emotionalen Anmutung,* wie: Geborgenheit, Wärme, heimelig, vertraut, sich wohl fühlen u. ä.
- *Ästhetische Stimuli* in Richtung *Tradition,* wie: stilecht, klassisch, traditionell, althergebracht, gediegen u. ä.
- *Ästhetische Stimuli* in Richtung Modernität, wie: neu, aktuell, progressiv, modern, postmodern u. ä.
- *Stimuli des Lebensgefühls,* wie: edel, erlesen, nobel, elegant, bürgerlich, ausgefallen, ungewöhnlich u. ä.

- *Stimuli der gesellschaftlichen Position,* wie: individuell, selbstbewußt, eigener Stil, Persönlichkeit, Selbstverwirklichung sowie Zugehörigkeit, Repräsentation, Status u. ä.

Bei der *Bildanalyse* – soweit Stimuli *bildmäßig* konkretisierbar sind – wurden die Stimuli nach den folgenden Indikatoren festgehalten und ausgezählt:

- *Funktional-qualitative Stimuli* in Richtung *Qualität;* Indikatoren: Querschnitte, Vergrößerungen, Details zu Material, Materialverarbeitung, Materialherkunft u. ä.
- *Funktional-qualitative Stimuli* in Richtung *Zweck;* Indikatoren: Detailbilder zur Darstellung und/oder Erklärung von Funktion, Praktikabilität etc. des Möbels, vielfach durch Abbildung handelnder Personen unterstützt.
- *Stimuli des sozialen Lebens;* Indikatoren: mehrere Personen, die miteinander oder untereinander agieren (bloßes Vorhandensein von Personen im Bild zählte nicht).
- *Stimuli der emotionalen Anmutung;* Indikatoren: Kaminfeuer, brennende Kerzen, warmes Licht und Farbe, Puppen, Kinder, entspannte Situation und/oder Handlungen u. ä.
- *Ästhetische Stimuli* in Richtung *Tradition;* Indikatoren: traditionelle Formen, konventionell harmonische Farbgestaltung, klassizistischer Stil bei Möbeln, Accessoires, Dekor, Hintergrund u. ä.
- *Ästhetische Stimuli* in Richtung *Modernität;* Indikatoren: Geometrie, Gradlinigkeit bei Raum- und Einrichtungsgestaltung, Farbkontraste, Chrom- und Plastikmaterialien, moderne oder zeitgenössische Bilder oder Gegenstände u. ä.
- *Stimuli des Lebensgefühls;* Indikatoren: Ausstattungen vor allem bei Hintergrund, Dekor, Kleidung, Getränke entweder indizierend: erlesen, nobel, edel, oder: durchschnittlich bürgerlich, oder: ausgefallen, ungewöhnlich.

Überschneidungen bei den verschiedenen Text- und Bildstimuli wurden beachtet.

Die *Verwendungshäufigkeit* der einzelnen Stimuli bei der Einrichtungswerbung weist die Ausrichtung auf, den die Werbenden zur Zeit einschlagen, wenn sie mit ihren Anpreisungen auf den Verkauf der Waren und damit auf die Gestaltung des Wohnens wie des Wohnerlebnisses Einfluß zu gewinnen suchen. Ob sie damit richtig, teilweise richtig oder falsch handeln, wird später zu sehen sein.

An dieser Stelle ist zunächst eine aus den einzelnen, über mehrere Auswertungsschritte erhobenen Stimuli zusammengestellte Rangliste vorzulegen, die die Verwendungshäufigkeit der unter ihren Gesamtüberschriften angeführten Stimuli – je nachdem, in welchen Mengen sie verwendet wurden oder nicht – aufzeigt *(Tabelle 20).*

Allemal um die 90 % liegen im *oberen Bereich* der Rangliste die Stimuli des Lebensgefühls, die ästhetischen und die funktional-qualitativen, die entweder

Tabelle 20: **Rangliste der Häufigkeit der Stimulusverwendung**

	Werbeeinheiten, die diesen Stimulus verwenden	Werbeeinheiten, die diesen Stimulus *nicht* verwenden	%-Summe
1. Stimuli des Lebensgefühls in Text und/oder Bild:	93,1 %	6,9 %	100
2. ästhetische Stimuli in Text und/oder Bild:	91,6 %	8,4 %	100
3. funktional-qualitative Stimuli in Text und/oder Bild:	86,8 %	13,2 %	100
4. Stimuli der emotionalen Anmutung in Text und/oder Bild	48,1 %	51,6 %	100
5. Stimuli der gesellschaftlichen Position im Text:	40,1 %	59,9 %	100
6. Stimuli des sozialen Lebens in Text und/oder Bild:	30,0 %	70,0 %	100
7. ökonomische Stimuli im Text:	20,4 %	79,6 %	100

in Bild *und* Text oder jeweils zumindest für Bild *oder* Text vorkommen. Ihr hoher Verwendungsprozentsatz bringt diese Stimuli fast in die Nähe der Allgemeingültigkeit.

Im *mittleren Bereich* sehen wir Stimuli der emotionalen Anmutung (Wärme, Geborgenheit u. ä.) mit einer Verwendungshäufigkeit von 48,1 % für Bild und Text sowie Stimuli der gesellschaftlichen Position mit 40,1 % (Individualität, Status u. ä.), aus erhebungstechnischen Gründen nur für Text.

Im *unteren Bereich* der Rangliste befinden sich die Stimuli des sozialen Lebens (Familie, Kommunikation u. ä.) mit 30 % für Bild und/oder Text sowie an letzter Stelle mit 20,4 % die ökonomischen Stimuli (preiswert, billig u. ä.) nur für Text, da sie sich optisch kaum umsetzen lassen.

Daß mit 79,6 % der Appell an Kaufkraft oder Haushaltsbudget *nicht* verwendet wird, läßt sich kaum erklären. Womöglich hängt dies mit der geringen Anziehungskraft eines reichlich abgenutzten, mit Unglaubwürdigkeit belasteten Stimulus zusammen.

Die drei an der Spitze der Verwendungsrangliste stehenden global angeführten Stimuli wurden nach Unterkategorien ausgewertet, um angesichts ihrer offensichtlichen Bedeutsamkeit für die propagierten Wertsetzungen ein differenziertes Ergebnis zu erzielen, an dem sich unterschiedliche Tendenzen der Reizsetzungen erkennen lassen. Die Verteilung der bei Bild und Text vorhandenen Stimuli in den Unterkategorien der drei Ranglistenersten zeigt die nachfolgende *Tabelle 21*.

Mit Hilfe der Unterverteilung wird zum Beispiel deutlich, daß innerhalb der Gruppe der funktional-qualitativen Stimuli die Werbung mit 50,1 % (die Hälfte aller analysierten Einheiten) sich des Textes mit Bezug auf *Qualität und Zweck*

Tabelle 21: **Differenzierungen der Stimuli des Lebensgefühls, der funktional-qualitativen und ästhetischen Stimuli in Bild und Text**

Stimuli des Lebensgefühls	Bild	Text
edel, nobel, erlesen	36,8 %	42,3 %
durchschnittlich, bürgerlich	33,7 %	16,6 %
bewußt ausgefallen	7,0 %	5,3 %
edel *und* ausgefallen	7,4 %	0,4 %
edel *und* durchschnittlich	0,3 %	0,1 %
Summe: vorhanden	82,5 %	64,7 %
Summe: nicht vorhanden	14,8 %	35,2 %
	100,0 %	99,9 %

Ästhetische Stimuli	Bild	Text
traditionelle	28,1 %	9,2 %
modernitätsbezogene	34,0 %	26,5 %
traditionelle *und* modernitätsbezogene	22,8 %	21,2 %
Summe: vorhanden	84,9 %	56,9 %
Summe: nicht vorhanden	51,1 %	43,1 %
	100,0 %	100,0 %

Funktional-qualitative Stimuli	Bild	Text
Qualität	5,3 %	16,9 %
Zweck	30,2 %	16,0 %
Qualität *und* Zweck	9,2 %	50,1 %
Summe: vorhanden	44,7 %	83,0 %
Summe: nicht vorhanden	55,3 %	17,0 %
	100,0 %	100,0 %

bedient, also verbal Material, Verarbeitung etc. (Qualität), Funktionalität, Variabilität etc. (Zweck) miteinander verbunden anpreist. Im *Bild* – durch Anwendung von Fotos oder Zeichnungen zu Materialherkunft, Verarbeitung oder Funktion des Möbels – wird die Stimuluskombination von Qualität und Zweck nur zu 9,2 % genutzt. Dahingegen sehen wir den funktional-qualitativen Stimulus in Richtung *Zweck* allein optisch mit 30,2 % dargestellt, in Richtung *Qualität* allein allerdings nur noch mit 5,3 %.
Ein ähnlicher Widerspruch in Nutzung bzw. Gewichtung zwischen verbalen und visuellen Gestaltungsmöglichkeiten des gleichen Stimulus oder sogar der gleichen Stimulus-Unterkategorie tritt häufiger auf, wie *Tabelle 21* zeigt, z. B. auch bei der Nutzung von Bild und Text mit Bezug auf »traditionell« in der Ausrichtung auf ästhetische Stimuli. Vor allem trifft dies bei Katalogen und Prospekten zu, weniger bei Zeitschriftenanzeigen. Einer der Gründe für die ungleichmäßige Gewichtung könnte sein, daß die visuelle Gestaltung von Stimuli, dort, wo es das Objekt bzw. die Zielrichtung überhaupt erlaubt, weitaus höhere Kosten verursacht als die verbale Reizsetzung.

Aber auch ein triftigerer Grund könnte vorliegen, der sich an der Verwendung der Stimuli des Lebensgefühls und ihrer Unterkategorien exemplifizieren läßt. Hier zeigt *Tabelle 21* eine recht eindeutige Vorherrschaft der Propagierung von »edel, nobel, erlesen u. ä.«, d. h. die Propagierung eines vom Standarddurchschnitt deutlich abgehobenen Konsum- und Lebensstils, wobei eine leichte Divergenz von visueller zu verbaler Ausgestaltung hervortritt. Gegenüber dem Anteil der Bilder, die ein durchschnittlich bürgerliches Lebensgefühl propagieren, ist der Anteil der Bilder zur Propagierung eines erlesenen, teuren Lebensstils nur knapp höher (33,7 % zu 36,8 %). Dies läßt die Annahme zu, daß sich die Werbenden entweder am Angebot orientiert haben oder an der Erfassung einer potentiellen Käuferschicht, kurzum an einer Realität, die es zu stimulieren gilt. Dann aber werden die Stimuli wieder realitätsfremd, wenn versucht wird, die durchschnittliche Einrichtung verbal mit der edlen, teuren, erlesenen zu koppeln, vor allem, wenn die entsprechende Verteilung beim Text dem ziemlich ausgewogenen Verhältnis der optischen Präsentation zum Trotz ein Übergewicht des überdurchschnittlich teuren, erlesenen Lebensgefühls ausweist.
Schon dieses Beispiel läßt uns in einem gewissen Maße erkennen, wie weit der Einflußbereich von Stimuli auf Wertsetzungen bzw. Orientierungen in der Bevölkerung reicht. Denn wenn wir das soeben angeführte (propagierte) Ergebnis mit den Ergebnissen aus der Repräsentativbefragung zu Stilpräferenzen (Kapitel 6) und zum vorhandenen Einrichtungsstil vergleichen, dann waren es nur 10 % aller Befragten, die angaben, einen »erlesenen, teuren« Einrichtungsstil zu bewohnen, 19 % aller Befragten aber einen solchen Stil gerne bewohnen würden.
Verfolgen wir diesen Vergleich noch ein wenig weiter, um die Bedingtheiten von durch die Werbung gesetzten Stimuli zu verdeutlichen. Wir greifen hierzu zurück auf die in Kapitel 9 vorgelegte *Tabelle 15,* in der die Aussagen der Befragten zum Stellenwert beim Wohnen bzw. der Wertsetzung in eine Rangordnung gebracht wurden, und vergleichen sie mit den Rangplätzen der Werbestimuli *(Tabelle 20)* – nicht was ihr Vorhandensein angeht, sondern vordringlich ob ihrer in den Unterkategorien zum Ausdruck kommenden inhaltlichen Tendenz.
Nehmen wir beispielsweise den Stimulus der emotionalen Anmutung, der bei knapp der Hälfte aller Werbeeinheiten auftritt und sich auf die Inhalte »sich wohl fühlen«, »sich gehen lassen können«, »Vertrautheit«, »Geborgenheit« u. ä. bezieht. Bei den Wertsetzungen der Befragten liegt er mit den Inhalten »sich verhalten, wie einem gerade danach ist«, »persönliche Freiheit«, »ungestörte Arbeit« u. ä. im oberen Mittel der Verteilungsliste, so daß von einer Entsprechung durch die genutzten Stimuli gesprochen werden kann. Eine noch deutlichere Übereinstimmung liegt im funktional-qualitativen Bereich: Die diesbezüglichen Stimuli der Werbung liegen mit der Wertsetzung

»Qualität von Möbeln und Einrichtung« beide Male im oberen Teil der Rangverteilung.
Es gibt aber auch Fehlleistungen, worunter am erstaunlichsten der Stimulus des sozialen Lebens mit den Inhalten Familie, Bekannte, Gastlichkeit u. ä. fällt. Während die Angaben der Befragten die diesbezügliche Wertsetzung in den *oberen* Bereich der Werterangliste setzten, figuriert der aufs soziale Leben und dessen Inhalte ausgerichtete Stimulus *am Ende* der Verwendungsliste. Dies, obwohl das soziale Leben mit seinen sowohl nach innen in das Heim wie nach außen in die Umwelt reichenden Kommunikationslinien zu einer der Grundbedingungen der menschlichen Existenz gehört. Die Frage ist, ob hier bei den Werbenden ausschließlich marktwirtschaftliches Denken einsetzt oder sie, was uns wahrscheinlicher erscheint, jene gesamtgesellschaftlichen Entwicklungen übersehen, die beim Wohnen wie bei der Gestaltung des Wohnerlebnisses einen stetig sich wandelnden Einfluß ausüben.
Allgemein gesehen, läßt sich beim Vergleich zwischen den mittels der systematischen Inhaltsanalyse erzielten Ergebnissen über die Verwendung von Werbestimuli und den mittels der Repräsentativbefragung herausgefundenen Wertsetzungen in der Bevölkerung festhalten, daß sich die Werbung bei der Propagierung von Wertsetzungen vordringlich auf individualisierte und repräsentationsorientierte Stimuli verläßt (»Individualität« mit 30,5 % und »erlesen, nobel, edel« mit 42,3 % aller Werbeeinheiten), während die Befragten, wie im vorhergehenden Kapitel 9 dargestellt, bei der Benennung der für sie geltenden Wohnwerte sozialorientierte und auf alltäglichen Vollzug des Wohnens ausgerichtete Bedürfnisse deutlich in den Vordergrund gestellt haben.

Kapitel 11

Veränderungsabläufe bei Wohnen und Wohnerlebnis

Teil I

Die Wohnung als Ganzes

Das Wohnerlebnis umfaßt mit vielerlei Überschneidungen den gesamten Bereich des Wohnens. Um jedoch Veränderungsabläufe bei Wohnen und Wohnerlebnis darzustellen – solche, die teils aus sozio-kulturellen Prozessen, teils aus individuellen und gesamtgesellschaftlichen Symbolwertebestimmungen hervorgegangen sind –, bietet es sich für Analyse und Interpretation an, das materiell vorgegebene Grundgefüge des Wohnens aufzuteilen. Dementsprechend wenden wir uns im ersten Teil dieses Kapitels der individuell genutzten Einheit »Wohnung« zu, im zweiten Teil den Einheiten »Räume«.

Es versteht sich, daß Analyse und Interpretation auf den aus empirisch erhobenen Daten gewonnenen Ergebnissen beruhten. Doch das allein genügt nicht. Es bedarf auch einer *Orientierung* der Analyse und Interpretation, vor allem wenn die vorgelegten Ergebnisse Nutzbarmachung und Verbesserungen dienen sollen. Hierbei läßt sich nicht an Äußerungen halten, deren Unverbindlichkeit mehr Schaden als Nutzen anrichtet. Niederzuschreiben »Die Wohnung wird nicht zuerst unter dem Gesichtspunkt der natürlichen Bedürfnisse gesehen, denen sie zu dienen hat, sondern, der Struktur unserer Gesellschaft entsprechend, entweder unter Ausbeutungs- oder unter Prestigegesichtspunkten; sie demonstriert Herrschaft und Status«[46], oder auszuführen, daß sich beim Wohnen eine »neue, persönliche Strategie des Sich-Unterscheidens« herausgebildet hätte, der sich der als »Einheitsset« bezeichneten »Moderne« entgegenstelle[47], lassen außer ideologischen Verkrampfungen jedwede Orientierung – von empirischen Belegen gar nicht zu sprechen – vermissen.

46 *Alexander Mitscherlich*, Die Unwirtlichkeit unserer Städte. Anstiftung zum Unfrieden, Frankfurt a. M. 1965, S. 137.

47 So *Felicitas Romeiß-Stracke* beim »16. Architektengespräch in der Godesburg«, 1988.

Da dem Wohnerlebnis ein Drinnen (in der Wohnung) und ein Draußen (im Wohnumfeld) zu eigen ist, anders ausgedrückt, es in seiner Gestaltung sowohl individuell als sozial, sowohl privat als auch öffentlich ist, ist eine Orientierung auf die gegenseitige Abhängigkeit bzw. Beeinflussung von Individuum und Gesellschaft vorgegeben. Sich daran bei Analyse und Interpretation von empirischen Befunden (wie Form, Aufteilung, Funktion der Wohnung, Wohnverhalten, Wohnleitbilder etc.) zu orientieren, heißt bei aller wissenschaftlichen Durchleuchtung nicht zu übersehen, daß die Wohnung und die Gestaltung des Wohnerlebnisses für den Menschen zeit seines Lebens eines der wesentlichen Alltagsthemen ausmacht, auf dem sich die Vermittlung zwischen dem Drinnen und dem Draußen abspielt. Ob sich dies in dem Ausruf »Es ist gut, zu Hause zu sein« verdichtet oder mit Erkenntnissen verbindet, die die Funktion der alltäglichen Gegenstände um uns herum als »Gelenke zwischen den Bewegungen des gesellschaftlichen Ganzen und der Aneignungsbewegungen des einzelnen« bezeichnet[48] – es ist der Mensch in seinem Sein, in seinem privaten wie in seinem öffentlichen, um das der Soziologe sich zu kümmern hat.

1. Wohnformen

Das Zusammenspiel zwischen der Größe eines Haushalts und der Wohnform ist die Ultima ratio für den Wohnungsuchenden: Zuviel Raum oder zuwenig, zu eng oder zu weitläufig, wohlfeil oder teuer, erschwinglich oder unbezahlbar – alle diese das Wohnerlebnis in seinen Grundfesten bedingenden Wägbarkeiten sind letztendlich *personenbezogen*. Drum auch sind Wohnformen, ihre Entwicklungen und möglichen Veränderungen am ehesten über Personenhaushaltsdaten erkennbar, wie sie in Kapitel 4 vorgelegt wurden.
Wie sich aus der Befragung zu den verschiedenen Wohnformen ergeben hat, überwiegen in Westdeutschland die Zwei- bis Drei-Personen-Haushaltsformen: die Zwei-Personen-Haushaltsformen zeigen sich meist bei verheirateten Paaren, die Drei- und Mehr-Personen-Haushaltsformen bei Familien. »Alternativ« zu bezeichnende Wohnformen wie Wohngemeinschaften spielen im Gesamtvolumen eine verschwindend geringe Rolle, während die Ein-Personen-Haushaltsformen immerhin in einer Größenordnung von 15% auftreten. Als im Bericht des Statistischen Bundesamtes über die Wohnsituation bis 1978 das Absteigen bei der durchschnittlichen Personenzahl pro Haushalt ausgewiesen wurde:

48 *Gert Selle und Jutta Boche,* Leben mit den schönen Dingen. Anpassung und Eigensinn im Alltag des Wohnens, Hamburg 1986, S. 20.

1950 waren es durchschnittlich 4,7 Personen pro Haushalt,
1960 waren es durchschnittlich 3,6 Personen pro Haushalt,
1978 waren es durchschnittlich 2,6 Personen pro Haushalt[49],
indizierte dies eine Entwicklung, die offensichtlich angehalten und zu dem von uns festgestellten Überwiegen der Zwei- bis Drei-Personen-Haushaltsformen im Jahre 1988 geführt hat. Daß der andauernde Rückgang der Zahl der Personen in einem Haushalt – aus welchen Gründen auch immer – den Haushalten mehr bewohnbare Fläche bietet und mehr Kosten pro Quadratmeter verursacht, kann nur die Folge einer von Bauunternehmern, Architekten, Baumeistern und Planern vollauf ignorierten gesamtgesellschaftlichen Entwicklung sein. Die Zunahme von Zwei-Personen-Haushaltsformen und das Anwachsen der Ein-Personen-Haushaltsform bedeuten schließlich eine Aufwertung dieser Wohnformen.
Beispielsweise ist die Ein-Personen-Haushaltsform heute nicht länger mehr ein Not-, Übergangs- oder Behelfsstadium, sondern tritt als langfristige, endgültige und von der Gesellschaft akzeptierte Wohnkonzeption auf, wie der oben angeführte vergleichsmäßig hohe Prozentsatz von 15 % zeigt. Am besten läßt sich die Aufwertung der Ein-Personen-Haushaltsform aufzeigen, wenn wir sie mit der Wohnform der Untermiete vergleichen, die angesichts der höchst beschränkten Möglichkeiten, ein eigenständiges und eigenwilliges Wohnerlebnis zu bewirken, meist mehr Klagen als Zufriedenheit hervorruft. Diese vom Behelfs- und Übergangsmäßigen gekennzeichnete, in den Städten zu Zeiten fortschreitender Industrialisierung massenhaft auftretende Wohnform hat im Laufe der Jahre trotz andauernder Wohnungsknappheit immer mehr an Bedeutung abgenommen, so daß sie jetzt nur noch auf 3 % aller Befragten zutrifft.[50] In den meisten Fällen – bis zu 80 % – sind Untermieter Alleinstehende, die in bestehende Haushalte aufgenommen werden. Sie benutzen also eine Form des Einzelnwohnens ohne eigenen Haushalt, ein Zustand, der sich dahingehend verändert hat, daß nunmehr 15 % ihr Wohnen in einer vollgültigen Ein-Personen-Haushaltsform führen.
Stellen wir die Haushaltszusammensetzungen gemäß der soziodemographischen Struktur der Befragtenstichprobe noch einmal gegenüber: Zwei-Personen-Haushalte figurieren mit 35 %, Drei-Personen-Haushalte mit 24 %, Vier-Personen-Haushalte mit 19 % und Ein-Personen-Haushalte mit 15 %, was heißt, daß weit über die Hälfte der westdeutschen Haushalte aus zwei bis drei Personen besteht: Die Zwei-Personen-Haushaltsform ist also zur Zeit die meist verbreitete Wohnform. Sie steht sozusagen zwischen dem »Großfami-

49 *Statistisches Bundesamt Wiesbaden* (Hrsg.), Das Wohnen in der Bundesrepublik Deutschland, Ausgabe 1981, Stuttgart 1981, S. 54.
50 1956 betrug dieser Anteil noch 21 %. Vgl. *Statistisches Bundesamt Wiesbaden* (Hrsg.), op. cit., S. 46.

lien-« und dem »Singlewohnkonzept«, steht zwischen der Realisierung von Flexibilität, Mobilität, Effizienz und Konsumbereitschaft und einer durch Urbanisierung und Rollenvielfaltverpflichtung hervorgerufenen Fortentwicklung zu Anonymität und womöglicher Vereinsamung.

Daß ein solcher Zwiespalt besteht und angegangen wird bzw. wurde, läßt sich rückblickend an jener Bewegung erkennen, die, als die »Studentenbewegung« bekannt, u. a. auch das studentische Wohnen zu beeinflussen und verändern suchte. Um Urbanisierungs- und Vereinzelungstendenzen entgegenzutreten und um Zugehörigkeits-, Partnerschafts- und Gruppenbildungen zu unterstützen, wurden »alternative« Wohnformen ausgedacht und erschaffen. Sie sollten ebenso wie andere Protesthaltungen und Erneuerungsaktionen gesellschaftsverändernde Ansprüche verdeutlichen, blieben indes wie alles Probehandeln, wenn es von Gruppen durchgeführt wird, deren Einzelmitglieder nicht in eine fixierte Rolle eingebunden sind, unerfolgreich. Die aus dieser Epoche übriggebliebenen Alternativkonzepte spielen derzeit keine Rolle mehr.

Noch einmal zurück zu der Vorherrschaft der Zwei-Personen-Haushaltsform, die sich wie ein Ausgleich zwischen dem sozialpsychologisch konditionierten Wohnbedürfnis und Wohnerlebnis einerseits und der sie umgebenden Wohnstruktur vorstellt. Bei der Auswertung der Daten zur *Altersstruktur* der Ein-Personen-Haushalte wurde erkannt, daß sich die diesbezügliche Wohnform auf die Gruppen der jüngeren und älteren Befragten verteilte – eine indirekte Bestätigung der Zwei-Personen-Haushaltsform als Ausgleichsunterfangen zwischen Bedürfnis und Struktur. Wurde doch aufgezeigt, daß jüngere Befragte aus Ein-Personen-Haushalten in der Regel mindestens einmal in eine andere, eine größere Wohnform überwechseln, ältere Befragte, die meist aus familiären Gründen bereits eine andere, größere Wohnform zur Verfügung haben, jedoch beim Auszug der Kinder oder dem Tod des Partners in der alten Wohnung verbleiben. Daher kann gesagt werden, »daß mit zunehmendem Alter der Haushalte die angestammte Wohnung ungern aufgegeben wird, so daß es im Zuge altersbedingter Haushaltsverkleinerungen zu unverhältnismäßig viel Wohnfläche pro Person kommt«[51], was die Zwei-Personen-Haushaltsform auch von der Altersbedingtheit her als angemessenste Wohnform dominieren läßt.

Die Form des *Eigentumswohnens gegenüber der des Mietwohnens* hat in der Bundesrepublik von Jahr zu Jahr zugenommen. Während das Statistische Bundesamt für das Jahr 1978 einen Anteil von 36 % Eigentumshaushalten auswies[52], ermittelten wir bei unserer Befragung für 1989 einen Anteil von

51 *Ingrid Herlyn und Ulfert Herlyn*, Wohnverhältnisse in der Bundesrepublik, 2. Aufl., Frankfurt, New York 1983, S. 45.

52 *Statistisches Bundesamt Wiesbaden* (Hrsg.), op. cit., S. 47.

45 % aller Befragten, die Eigentum bewohnten. Es ist also so, daß das Mietwohnen nur noch geringfügig höher liegt als das Eigentumswohnen. Dabei konnten wir sehen (Kapitel 5, *Tabelle 2*), wie sich mit zunehmendem Alter die Tendenz einer Zunahme des Eigentums abzeichnet, die bei der Gruppe der 50jährigen gar eine Umkehrung der Verhältnisse erreicht: mehr Eigentums- als Mietwohnen.
Einstens entsprach das Wohnen im Eigenheim einer Status- und Prestigeideologie, die vom Kleinhaus bis zur Errichtung einer Prunkvilla reichte. Heute sind es marktwirtschaftliche Gründe, wie die Anpreisungen der diversen Bauspar- und Baukreditsysteme unter dem Slogan »Eigentum statt Miete« zeigen: »Die Mieten werden weiter steigen« – »Gute Immobilienangebote werden knapper und teurer« – «Steuervorteile sind besonders für Familien interessant« – »Eigentum ist Kapitalanlage« und ähnliches mehr. Gewiß haben diese Besorgnisrufe angesichts dauernder Mietsteigerung, Wohnungsknappheit etc. ihre Berechtigung. Indes möchten wir meinen, daß der Trend zum Eigentumswohnen, ob Vorstadtkleinhaus, Altbau, Studio oder mehrräumige Wohnung, auch mit allgemeinen gesellschaftlichen Tendenzen zu tun hat, von denen nur Rollenvielfalt, Besitzorientierung, Individualisierung als in mannigfachen Richtungen sich bewegende Verunsicherungen genannt werden sollen, die letztendlich sich auf die Gestaltung eines gültigen Wohnerlebnisses auswirken.
Die Zunahme des Eigentumwohnens bedeutet natürlich eine Verschlechterung des Mietwohnens, vor allem für die auf diese Wohnform angewiesenen Bevölkerungsgruppen mit niedrigem Einkommen. Aber auch die in der westdeutschen Gesellschaft vorherrschenden Zwei-Personen-Haushalte werden der Verunsicherung ebensowenig entgehen können wie Mehr-Personen- und Familienhaushalte, die in hohem Maße auf eine Fortdauer bietende Sicherheit ihrer Wohnweisen und der Beständigkeit ihres errichteten Wohnerlebnisses angewiesen sind. Daß diese schwerwiegende soziale Konflikte hervorrufende Situation bisher von den wohnungspolitischen Instanzen unbeachtet geblieben ist, ist mehr als unverständlich.

2. Aufteilungen

Die Wohnungsangebote und -nachfragen werden in den Zeitungsannoncen nach Größen rubriziert: »1-/2-Zimmer-Wohnungen«; »3-/4-Zimmer-Wohnungen«; »Großwohnungen«. Daran hält sich die Großzahl der Anbieter. Sie annoncieren: »2 Zimmer, Küche, Diele, Bad« oder »3 Zimmer, Küche, Badezimmer, Sonnenbalkon« oder »5 Zimmer, Küche, Diele, Bad, WC, Balkon«. Die Wohnungsuchenden beschränken sich in ihren Anzeigen meist auf die Nominierung der Zimmerzahl, manchesmal mit Beiworten wie

»schön« oder »ruhig«, vielfach mit Hinweisen auf die Berufs- und Familienverhältnisse, wie »Polizeibeamter, mit Frau und Kind, sucht 3–4-Zimmer-Wohnung« oder »Alleinstehendes Ehepaar sucht 3–4-Zimmer-Wohnung mit Balkon« und ähnlichem. Kommt es zu einer Besichtigung der 3-, 4- oder 5-Zimmer-Wohnung, dann pflegen Vermieter oder Makler die leerstehenden Räume zu signalisieren bzw. zu deuten: »Das ist das Wohnzimmer, das das Schlafzimmer«, heißt es, »Hier geht's ins Bad, dort die Küche und hier noch ein extra Raum« usw. Selbst bei der Besichtigung einer der zur Zeit vorherrschenden Standard-Neubauwohnungen wird ein verhältnismäßig geräumig erscheinendes Zimmer als das »Wohnzimmer« ausgewiesen, ein mittelgroßes Zimmer an der Rückfront oder Innenseite des Hauses als das »Schlafzimmer« und ein für die Zusammenführung von Schlafen, Wohnen und Arbeit zu kleines als für irgendeine dritte Person im Haushalt gedachtes, vielfach »Kinderzimmer« genanntes Zimmer.

Dieses Beispiel aus dem Alltag bringt uns zur Diskussion über die *Bedeutung der Raumaufteilung* für das Wohnerlebnis. Sie kann entweder personenorientiert oder funktionsorientiert sein, wobei, an unserem Beispiel demonstriert, die funktional orientierte Wohnungsaufteilung in erster Linie nicht von den Bewohnern selbst erzeugt wird. Sie ist zum einen durch sozio-ökonomische Bedingungen vorgezeichnet, zum anderen findet sie ihren Niederschlag durch die Bausubstanz, die oftmals schon allein durch die Quadratmeterzahl der einzelnen Räume zueinander eine Personenorientierung unmöglich macht oder zumindest erheblich erschwert. Es entstehen Unstimmigkeiten zwischen der Bedürfnisstruktur und den durch das Material vorgegebenen Wohnbedingungen.

Wie wir feststellen konnten, halten es weder kinderlose Zwei-Personen-Haushalte noch Ein-Personen-Haushalte für eine Notwendigkeit, bestimmte Räume der Wohnung bestimmten Personen zuzuordnen: Sie benutzen die Räume gemeinsam und teilen sie nach ihren Funktionen ein. Es entsteht somit die gültige Standardaufteilung in Wohn- und Schlafzimmer, Küche, Bad und eventuell einem einer bestimmten Tätigkeit angepaßten Raum (Arbeitszimmer, Büro, Hausarbeits- oder Fernsehzimmer). Selbst Mehr-Personen-Haushalte, also in der Regel Familien, halten sich bei der Aufteilung der Wohnung an ein funktionsorientiertes Prinzip, so daß selbst eindeutig personal zugeordnete Räume wie »Elternschlafzimmer« oder »Kinderzimmer« diese auf die Funktion deutende Bezeichnung tragen, was heißt, daß die Personenorientiertheit dieser Räume verdeckt wird. Offensichtlich entspricht eine konsequent durchgehaltene personenorientierte Raumaufteilung, so wie wir sie in wenigen Fällen bei Wohngemeinschaften kennen, nicht Bedürfnissen, die zur Errichtung eines zufriedenstellenden Wohnerlebnisses nach einer Betonung der Gemeinschaftlichkeit des Haushalts und nach durchgehenden Kommunikationslinien verlangen.

Im Grunde genommen werden die Bewohner durch die Planungen der Architekten in eine Art funktionale Zwangsjacke gezwängt, obwohl gerade die Planer das Wort von der »Kontaktfreudigkeit der Familie« gerne im Munde führen. Sie verhindern von der Möglichkeit zu personenorientierter Raumaufteilung abhängende Wohnformen, die sich beispielsweise bei Mehr-Personen-Haushalten auf psychosoziale Bedürfnisse beziehen. So heißt es zu Recht: »Um die Selbstentfaltung und Selbstverwirklichung der Persönlichkeit, die in der Auseinandersetzung zwischen Individuum und Umwelt stattfindet, zu gewährleisten, ist es nötig, räumliche Maßnahmen zu diesem Wechselspiel von Individualität (Selbstfindung des Individuums) und Kollektivität zu setzen (Individualzimmer, Gruppenräume, Gruppenwohnungen).«[53]

In diesen Zusammenhang fallen auch veränderte *Freizeitbedürfnisse*, solche – sagen wir wie Hobbys, im Gegensatz zu Kartenspielen –, die den einzelnen mehr und mehr zu individuellen Selbstgestaltungs- und Selbstverwirklichungstätigkeiten drängen. »Die Schaffung eines differenzierten Individualbereiches« ist vonnöten, schreibt Meyer-Ehlers und führt als Beispiel das »Arbeitszimmer« an, »also der ruhige Raum, in dem sich ein Elternteil zeitweilig zur individuellen Tätigkeit zurückziehen kann, steht nun als neues, bisher unerfüllt gebliebenes Wohnbedürfnis an erster Stelle«.[54]

Angesichts des in den Planungskonzepten vorgesehenen und darin verarbeiteten funktionalen Raumaufteilungsprinzips wird mit Bezug auf Wohnen und Wohnerlebnis eine Trennungslinie zwischen öffentlicher Sphäre und Privatbereich errichtet, zwischen der Wohnung als Ganzem und dem Wohnumfeld: Existenz und Notwendigkeit einer Abgrenzung zwischen Individualität und Kollektivität im inneren Bereich der Wohnung zur Herstellung eines zufriedenstellenden Wohnerlebnisses bleiben von seiten der Planer unbeachtet. Kein Wunder denn, daß Unzufriedenheiten aufkommen.

Geht man nämlich der Wohnrealität nach, indem, wie von uns unternommen, nach dem »am meisten genutzten«, dem »persönlichsten« und dem »wichtigsten« Raum in der Wohnung gefragt wird, dann zeigen sich – trotz recht hoher Übereinstimmung in den drei Zuordnungen – bei in jedem Fall mindestens 50 % aller Befragten – als »Brechungen« zu bezeichnende Unterschiede: Der wichtigste Raum war nicht unbedingt immer auch der Raum, in dem sich Befragte persönlich am wohlsten fühlten, und dieser wiederum nicht unbedingt der allgemein am meisten genutzte Raum. Das läßt darauf schließen, daß, wenn es die bautechnisch vorgegebenen Bedingungen, diese funktionale Zwangsjacke, erlauben würden, ein weitaus höherer Anteil der Bevölkerung stärker

53 *Rudolf Dirisamer, Gernot Figlhuber, Ottokar Uhl* (Hrsg.), Wohnen. Ein Handbuch, Wien 1984, S. 137.

54 In: *Rudolf Dirisamer* et al., op. cit., S. 137.

individualisierte Wohnaufteilungsmöglichkeiten nutzen würde, insbesondere, wenn es die Personenzahl im Haushalt dringlich macht.
Inwieweit hier keine illusionsträchtigen Vorstellungen dargetan werden, zeigt die hier folgende *Tabelle 22*, in der ausgewiesen ist, daß die Brechungen zwischen den Zuordnungen »meist genutzter«, »persönlichster« und »wichtigster« Raum analog zur Personenzahl im Haushalt ansteigen.

Tabelle 22: **Vergleich der Zuordnung des meist genutzten, des persönlichsten und des wichtigsten Raumes bei Befragten aus Mehr-Personen-Haushalten**

	am meisten genutzter Raum		persönlichster Raum		wichtigster Raum	
Befragte aus	46 %	Wohnzimmer	56 %	Wohnzimmer	59 %	Wohnzimmer
Haushalten mit	35 %	Küche	15 %	Wohn-Eßzimmer	21 %	Wohn-Eßzimmer
3–4 Personen	20 %	Wohn-Eßzimmer	14 %	Küche	6 %	Küche
100 % = 614	6 %	Bad	5 %	Kinderzimmer	6 %	Schlafzimmer
Befragte aus	44 %	Wohnzimmer	35 %	Wohnzimmer	61 %	Wohnzimmer
Haushalten mit	36 %	Wohn-Eßzimmer	25 %	Wohn-Eßzimmer	29 %	Wohn-Eßzimmer
5 und mehr	31 %	Küche	22 %	Küche	3 %	Küche
Personen	13 %	Bad/Flur	6 %	Arbeitszimmer	2 %	Schlafzimmer
100 % = 94	12 %	Kinder-/ Schlafzimmer	5 %	Kinderzimmer		

Wenn mehr Personen in einem Haushalt zusammenleben, zeigen sich allein schon aus verhaltensstrukturellen Gründen stärker werdende Spannungen zwischen kollektiver Gemeinsamkeit und Individualität. Um so spezieller wird dementsprechend auch der Charakter der Räume, in denen sich der einzelne persönlich am wohlsten fühlt: Die Nennungen von Küche, Kinderzimmer und Arbeitsraum in *Tabelle 22*, Spalte »persönlichster Raum«, bei Befragten aus Haushalten mit fünf und mehr Personen als stark personengebundene Räume der jeweiligen Wohnungen deuten darauf hin.
Die hier aufgezeigten Unstimmigkeiten zwischen der Bedürfnisstruktur und den durch das Material vorgegebenen Wohnbedingungen mit Bezug auf die Raumfunktionsaufteilungen lassen erkennen, daß die viel beschworene Ideologie vom Haushaltskollektiv oder dem Raum als »ein Museum der Seele, ein Archiv ihrer Erfahrungen«[55] an wirklichkeitsfremder Unentgeltlichkeit nicht zu übertreffen ist. Gestaltung und Struktur des Wohnerlebnisses als einem sowohl aus sozialen und kommunikativen, kurz öffentlichen Prozessen, als auch aus individuellen, abgegrenzten, kurz privaten Vorgängen beste-

55 *N. Praz,* Die Inneneinrichtung von der Antike bis zum Jugendstil, München 1956, S. 21.

hendem Faktum reichen weit hinein in das Innere der Wohnung als Ganzes wie auch der einzelnen Räume, was später noch aufzuzeigen sein wird. Zunächst verbleiben wir bei der Wohnung als Ganzem und wenden uns den Veränderungsabläufen in Richtung Einstellungen zu.

3. Einstellungen

Die Begriffe »Wohnleitbilder«, »Wertsetzungen« und »Einstellungen« liegen beim Wohnen eng beieinander. So bezeichneten und untersuchten wir Wohnleitbilder in erster Linie als Präferenzen, die sich bei der Bevölkerung auf einzelne Einrichtungsgegenstände und auf Einrichtungsstile bezogen. Bei der Untersuchung von Wertsetzungen und Einstellungen beim und zum Wohnen standen die Haltungen der Menschen gegenüber ihren Wohnbedürfnissen und dem Wohnerlebnis als Ganzem im Vordergrund, wobei Einstellung oder Haltung als »Richtung bzw. selektive Ausrichtung des Denkens, Erkennens, Wahrnehmens, Urteilens, Wertens und Verhaltens«[56] angesehen wurden. Einrichtungspräferenzen ebenso wie Wertsetzungen und Einstellungen werden von der gesellschaftlichen Struktur beeinflußt und beeinflussen diese ihrerseits. Dabei ist das Tempo der gegenseitigen Beeinflussung und damit auch der Veränderungen unterschiedlich. Während sich Einrichtungspräferenzen anführende Leitbilder, beispielsweise durch ihre Abhängigkeit von Modetrends, relativ schnell wandeln, verändern sich Einstellungen und Haltungen gegenüber dem Wohnerlebnis ebenso langsam wie der sie beeinflussende gesellschaftliche Strukturwandel.
Fragen wir als erstes nach dem gesellschaftlichen Wandlungsprozeß des Wohnens im Laufe der Entwicklung der Bundesrepublik, nach dem Wandlungsprozeß bei den Wertsetzungen des Wohnens, und zwar ohne auf die in den nächsten Abschnitten zu behandelnden Voraussetzungen bzw. Bedingungen der Einstellungsveränderungen einzugehen. Hierzu nutzen wir vergleichend die Ergebnisse der von uns in den frühen sechziger Jahren durchgeführten Untersuchung »Vom Wohnen der Deutschen«.[57] Schon damals zeigte sich, daß beim Wohnen wie bei der Gestaltung des Wohnerlebnisses eine von Intuition, Unberechenbarkeit, Daseinsberechtigung, Müßigkeit und anderen Gemütsbewegungen abgegrenzte *Rationalität* vorherrscht, innerhalb der »die ökonomische Komponente das Wohnerlebnis auf eine Richtung hin bestimmt, bei der die Menschen die Dinge und ebenso die Befriedigung, die sie ihnen verleihen,

56 *Günter Hartfiel und Karl-Heinz Hillmann,* Wörterbuch der Soziologie, a. a. O., S. 159/160.
57 *Alphons Silbermann,* Vom Wohnen der Deutschen. Eine soziologische Studie über das Wohnerlebnis, Köln und Opladen 1963.

nach ihrem Preis bewerten«[58]. An dieser Grundeinstellung hat sich nichts geändert. Höchstfalls läßt sich sagen, daß sich die ökonomische Abhängigkeit von Wohnen und Wohnerlebnis parallel zur wirtschaftlichen Entwicklung der Bundesrepublik verstärkt hat, was sich vor allem beim Einrichtungsverhalten zeigt, wenn die in Kapitel 6, Abschnitt b über Anschaffungsraten und Kaufverhalten vorgelegten Daten mit denjenigen über die Wertsetzungen in Kapitel 9, Abschnitt 1 verglichen werden. Zunahme der Marktabhängigkeit und der Konsumorientierung werden hierzu beigetragen haben.
Was Wertsetzungen und Einstellungen von und gegenüber Qualität, Stil, ästhetischer Beschaffenheit und Funktion betrifft, die, wie sich durchgehend gezeigt hat, allemal der vorherrschenden ökonomisch-rationalen Grundorientierung untergeordnet sind, scheint sich auch hier nur wenig verändert zu haben. Gewiß stimmt vordergründig noch, was in der Wohnuntersuchung aus den Jahren 1961/62 erkannt wurde, nämlich, daß Leitideen wie Funktionalität, Zweckhaftigkeit und Rentabilität einem überwiegend ökonomisch-rationalen Leitbild entsprungen sind, »dem«, wie es hieß, »im Augenblick der bundesrepublikanische Durchschnittsbürger Folge leistet«[59]. Aber anhand der neuerdings erarbeiteten Daten zeigt sich dort eine immer stärker werdende Einstellungs- und Wertsetzungsveränderung, wo es um eine der Essentialitäten des Wohnens und des Wohnerlebnisses geht, nämlich um die Funktion der Wohnung als Ort privat-intimer Zurückgezogenheit: Die Wohnwertsetzungen der Befragten setzen derzeit an die erste Stelle *die Privatheit der Wohnung* sowie ihren Charakter als Ort des Lebens der kleinsten sozialen Einheit, vor allem der Familie.
Hier wird man sagen, dies sei doch stets so gewesen, und an den allgültigen Satz »My home is my castle« erinnern. Indes, was sich in unserer Untersuchung als *verstärkter Rückzug in die Privatheit* gezeigt hat, geht weit über das immerhin noch über eine Zugbrücke erreichbare Castle hinaus. Rundum gesagt: Mehr und mehr findet eine *Ausgrenzung der Öffentlichkeit* statt und demzufolge die Ausrichtung an einer individualisierteren Struktur und Funktion des Wohnens. Beispielhaft läßt sich dies an der Wertsetzung von Einrichtungen aufzeigen, die auf Repräsentation, auf ein Zur-Schau-Stellen ausgerichtet sind: Auf der Rangliste geltender Wohnwerte für 1989 ist die Repräsentationsfunktion der Wohnung weit nach hinten abgefallen, wie aus der Stellenwert-*Tabelle 15* in Kapitel 9, Abschnitt 1 ersichtlich wurde. Das Konzept von der der Repräsentationsfunktion vorbehaltenen »guten Stube« – zu Beginn der sechziger Jahre noch hoch geschätzt und erstrebt – hat der Wertsetzung eines Wohnkonzeptes Platz gemacht, bei dem die Funktionalität der Privatheit bis hinein in die

58 Ebenda, S. 49.
59 Ebenda, S. 52.

Gestaltung der Einrichtung, der Einrichtungsgegenstände, der Stilpräferenzen und der ästhetischen Ausrichtungen reicht.
Wenn überhaupt an Repräsentation im Sinne von ökonomischer Leistungsfähigkeit gedacht wird, wird diese nicht länger in direkter, offener Weise realisiert: In direkter Weise repräsentieren zu wollen, wurde von den von uns Befragten eher skeptisch bis negativ bewertet, das heißt praktisch gesehen, daß eine bestimmte Einrichtung in einem bestimmten Raum weggefallen ist. Eine auf Privatheit ausgerichtete funktionale Zweckmäßigkeit des Wohnens läßt Repräsentation im *Drinnen* der Wohnung nur noch wie durch einen Filter zu. Soll nach dem *Draußen* hin repräsentiert, soll der soziale Status demonstriert werden, dann sind es wie eh und je die Größe der Wohnung, das Wohnumfeld, die gute Adresse und der damit verbundene Lebensstil, die die Repräsentationsfunktion übernommen haben.
In diesem Zusammenhang ist noch vom Stellenwert des Wohnzimmers als Ort der Repräsentation oder dem der Erholung zu sprechen, was ebenfalls den sich verstärkenden Trend zur Privatheit berührt. Hierzu lesen wir in einer Untersuchung aus dem Anfang der siebziger Jahre: »Momentan hat es allerdings den Anschein, als ob die Repräsentativität des Wohnzimmers im Bewußtsein der Bevölkerung als die bedeutendere Funktion angesehen wird.«[60] Im Vergleich mit unseren in *Tabelle 15* (Kapitel 9, Abschnitt 1) dargestellten Ergebnissen, die allerdings nicht auf empirisch unzulänglichen »Bewußtseins«-Erforschungen beruhen, ergibt sich ca. 20 Jahre später genau das Gegenteil: Die Erholungsfunktion des Wohnzimmers (erholen, entspannen, sich verhalten, wie einem gerade ist) steht bei den Aussagen zum Stellenwert der Wohnung bzw. des Wohnzimmers an erster Stelle, weit vor der an siebter Stelle stehenden Repräsentation. Dieser Widerspruch, der im eigentlichen Sinne insofern keiner ist, als beide Elemente, Repräsentations- und Erholungsfunktion, für das Wohnerlebnis konstituierend sind, verdeutlicht jedoch, daß ein gesellschaftlicher Wandlungsprozeß stattgefunden hat, bei dem offene, direkte Repräsentation in Wertsetzung und Einstellung eher negativ eingeschätzt wird, statt dessen zweckmäßige, Privatheit gestaltende Funktionalität vorherrscht.
Die hier vorgelegte empirisch belegte Entwicklung läßt sich aus der Sicht eines absoluten Wohnkulturstandards sowohl negativ als auch positiv bewerten. Negativ mit dem Argument, daß Rückgang beziehungsweise Verdeckung der Repräsentationsfunktion den sich im Wohn- und Lebensstil zeigenden Wohnkulturstandard wesentlich beeinträchtigt. Positiv mit dem Argument, daß durch Rückgang beziehungsweise Verdeckung der Repräsentationsfunktion eine Anpassung an zweckausgerichtete Privatheitsbedürfnisse bei Wohnen und Wohnerlebnis erreicht wird, was bedeuten könnte, daß Reprä-

60 *Margret Tränkle,* Wohnkultur und Wohnweisen, Bd. 23 der Untersuchungen des Ludwig-Uhland-Instituts der Universität Tübingen, Tübingen 1972, S. 113.

sentation als eines der das Wohnerlebnis konstituierenden Elemente nicht verschwunden, sondern nur stellenwertig in eine sich gesamtgesellschaftlich auswirkende Individualisierungsbewegung integriert worden ist, auf die noch im einzelnen zurückzukommen sein wird.

a) Wohnverhalten

Wie aus systematisierenden Gründen vorgesehen, befinden wir uns immer noch im Angesicht der Wohnung als Ganzes und befassen uns, auf die Grundanlage unserer Untersuchung zurückgreifend, jetzt mit den die *gesamte Wohnung* betreffenden Komponenten des Wohnerlebnisses, später mit denjenigen einzelner Räume.

Unter den Komponenten des Wohnerlebnisses sind mit Bezug auf die Einstellungen des einzelnen zum Wohnen zwei Orientierungskomplexe von herausragender Bedeutung: das Wohnverhalten und die Wohnbedürfnisse. Drum auch wurde ihnen jeweils ein ganzer Untersuchungsabschnitt gewidmet (siehe die Kapitel 7 und 8). Dort wurde bereits darauf hingewiesen, daß Verhalten und Bedürfnisse mit grundlegenden Einstellungen in einer Beziehung wechselseitiger Beeinflussung stehen, was bedeutet, daß Einstellungsveränderungen sowohl auf individueller als auch auf gesamtgesellschaftlicher Ebene auf veränderte Verhaltensweisen, Bedürfnis- und Angebotsstrukturen zurückzuführen sind. Sie können individuell bedingt sein, beispielsweise durch den Wechsel von einer Lebensform zur anderen (etwa Familiengründung), und/oder gesamtgesellschaftlich, beispielsweise durch ansteigende Marktabhängigkeit oder andere ökonomische Gegebenheiten.

Mit unserer Hinwendung zum *Wohnverhalten,* d. h. zu den Handlungen, die Bewohner in ihrer Wohnung ausführen und sich dabei der vorhandenen Einrichtung bedienen, lassen wir das auf den Erwerb von Möbeln und die Gestaltung der Wohnungseinrichtung bezogene Einrichtungsverhalten außer acht. Letzteres wird erst im Zusammenhang mit der Frage nach den Wohnbedürfnissen und der Einrichtung einzelner Räume zu behandeln sein.

Aus den in Kapitel 7 vorgelegten Daten zum Wohnverhalten geht hervor, daß die das Wohnerlebnis prägenden Verhaltensweisen in erster Linie auf den privaten bzw. persönlichen Charakter der Wohnung ausgerichtet sind. Sie bedingen die Wohnung als einen Ort der Privatsphäre, der dem öffentlichen Raum – der Öffentlichkeit mitsamt dem Wohnumfeld – gegenübersteht. Hier, im Drinnen der Wohnung, kann man tun und lassen, was man will, während im Draußen der Wohnung Verhaltensnormen gelten, die das Tun und Lassen einschränken und regulieren.

So kommen die an erster Stelle stehenden Wertsetzungen der Art wie »sich verhalten können, wie einem gerade ist«, »persönliche Freiheit« und »unge-

störte Arbeit«, wie sie in *Tabelle 15* (Kap. 9, Abschn. 1) angeführt sind, zustande. Tätigkeiten des Freizeit-, Erholungs- und psychophysischen Reproduktionsbereiches gehörten schon stets zu den allgemeingültigsten Handlungen des Wohnverhaltens; sie finden, wie aus *Tabelle 8* in Kapitel 7 (S. 47/48) zu ersehen ist, in nahezu allen Haushalten der von uns Befragten statt. Diese nach Ungestörtheit und Privatheit verlangenden Verhaltensweisen können nur ihre Erfüllung finden, wenn sich die grundlegende Gabelung zwischen Privatsphäre und Öffentlichkeit in einer solchen Weise verfestigt hat, daß daraus quasi ein *Anspruch* geworden ist, derart, daß sich die Abgrenzung bis hinein in die Binnenstruktur der Wohnung als Ganzes auswirkt.
Unsere Daten zum Wohnverhalten weisen darauf hin, daß die Grenze zwischen den Bereichen Privatsphäre und Öffentlichkeit nicht mehr nur zwischen der Wohnung als Ganzes und dem sie umgebenden Wohnumfeld gelegen ist, sondern daß durch das Eindringen der sich immer mehr verstärkenden Absonderung von der Öffentlichkeit in das Innere der Behausung jenem bereits angedeuteten gesamtgesellschaftlichen Individualisierungstrend auch hier im Drinnen der Wohnung sich der Privatheitsanspruch in hohem Grad auf eine Verstärkung hin verändert hat.
Diesem wahrlich bedeutsamen, sich auf das Wohnverhalten auswirkenden Wandel ist 1972 das Institut für empirische Sozialforschung (Wien) in einer Untersuchung nachgegangen. Anhand von Indikatoren wie »ungestörtes Schlafen«, »es sich mit der Kleidung bequem machen«, »vor sich hin singen«, »laute Geselligkeit am Abend«, »Gefühlen laut Ausdruck geben« und »ungestörte Konzentration« wurden Analysen bei verschiedenen Wohnräumen durchgeführt und unterschiedlich hohe Privatheitsansprüche nachgewiesen. Letztendlich konnte gar eine Hierarchiefolge der Raumbewertungen mit Bezug auf Privatheitsansprüche vorgelegt und geschrieben werden: »Die Störung kann dabei verschiedene Aktivitäten betreffen, vom Essen bis zum Sexualverkehr; doch wird angenommen, daß es doch eine sehr hohe Korrelation zwischen diesen Dimensionen [den einzelnen den Privatheitsanspruch eines Raumes ausmachenden Aspekten und Indikatoren] gibt, daß etwa jemand, der sich in einem Raum bei den intimsten Vorgängen ungestört fühlt, dort auch alle minder empfindlichen Aktivitäten betreiben kann.«[61]
Hierarchiemodelle dieser Art beschreiben sehr wohl den Aspekt der persönlichen Identifikation mit einem Raum und dementsprechende Privatheitsansprüche. Indes erklären sie nur einen Teil der durch die von außen nach drinnen in die Wohnung gebrachte verstärkte Trennung zwischen Privatheit und Öffentlichkeit hervorgerufenen unterschiedlichen Verhaltensweisen. Der andere Teil erklärt sich schlicht durch die Funktionszuweisung der Räume, zum einen

61 *Institut für empirische Sozialforschung (I. f. e. S.),* Intimsphäre und Öffentlichkeitsraum im Wohnbereich, Eigendruck, Wien 1972, S. 19.

hervorgerufen durch die Bausubstanz der Wohnung – die bereits mehrfach angesprochene architektonische »Zwangsjacke« –, zum anderen durch die Bewohner selbst.
Nehmen wir als Beispiel die Küche. Von diesem Raum heißt es in der oben erwähnten Wiener Untersuchung: »Daß man etwa in der Küche nicht ungestört schlafen kann, stört nur wenige: die meisten Leute wollen in der Küche nicht schlafen und finden sich daher dort auch nicht beim Schlafen gestört. Wo kein Privatheitsanspruch gestellt wird, gibt es auch keine Störung.«[62] Welche Verkennung der das Wohnverhalten beeinflussenden, wenn nicht gar dirigierenden Elemente! Es ist doch wohl unvorstellbar, daß die 18 % der weiblichen Befragten aus unserer Stichprobe, die die Küche als den Raum nennen, in dem sie sich persönlich am wohlsten fühlen (siehe Kapitel 6/2), keinen Privatheitsanspruch an diesen Raum stellen – nur weil sie dort nicht schlafen können? Die Auswahl der Küche aus dem Gesamt aller Wohnungsräume als den Raum mit dem höchsten Grad persönlicher Identifikation der angeführten Befragtengruppe in unserer Erhebung verweist doch gerade auf ihren besonderen Privatheitscharakter, und zwar ohne ihre Funktionszuweisung als »Küche« zu sprengen. Raumfunktion, gegen Öffentlichkeit abgrenzender Privatheitsanspruch und darauf gründendes Wohnverhalten sind keine unabhängig voneinander bestehenden Elemente – sie bedingen sich gegenseitig.
So ist es auch um das Wohnzimmer bestellt, nur daß dieser Raum angesichts seiner Multifunktionalität als Sitz-, Empfangs-, Ausruhe-, Freizeit-, Eß-, Arbeitsraum etc, d. h. in Abhängigkeit von seiner zeitweiligen Nutzung, nahezu beliebige Veränderungen des Privatheitsanspruchs zuläßt, die bis hin zu einer Brücke zwischen Privatsphäre und Öffentlichkeit führen, z. B. bei Besuchsempfang. Veränderungen des hohen Privatheitsanspruchs bei Schlafzimmer und Bad sind ob ihrer Intimität natürlich seltener, was jedoch nicht zu der rigorosen Auffassung führen darf, daß in dem Raum, in dem der einzelne sich »am meisten intim« verhält, nicht auch andere, weniger intime Handlungen ausgeführt werden.
Stets noch über die Absonderung von der Öffentlichkeit hin zu einer sich verstärkenden Privatheit und dem daraus sich ergebenden Wohnverhalten sprechend, muß das Thema der *Freizeitgestaltung* berührt werden. Denn auch bei diesem Aspekt, über dessen Gestaltung der einzelne immerhin frei verfügen kann, spielen Verlagerungen zwischen dem Drinnen und dem Draußen der Wohnung eine nicht übersehbare Rolle, wenn bedacht wird, daß Freizeit – angesehen als die freie Zeit, die nicht der erwerbsmäßigen Zeit gewidmet ist – in den Industriegesellschaften zu einer absoluten Lebenswesentlichkeit geworden ist. Ohne Übertreibung darf gesagt werden, daß dementsprechend Privatheitsansprüche, Funktionszuweisungen für Wohnung und einzelne

62 Ebenda, S. 19.

Räume sowie Wohnverhalten durch die Gegebenheit »Freizeit« mitbestimmt werden.
Sehen wir uns diese Situation anhand der erarbeiteten Daten im einzelnen an. *Tabelle 15* in Kapitel 9 (Aussagen zum Stellenwert der Wohnung, Seite 69) zeigt, daß die Befragten die persönliche Freizeitgestaltung in überwiegender Weise als wichtigsten Wohnwert ansehen, und zwar neben den Wertaussagen zur Wohnung als dem Ort der Erholung und der Familie. Allerdings, wenn diese Werte in *aktuelle Handlungen* umgesetzt werden, dann zeigt sich nach unseren Erhebungsdaten ein Vorherrschen des Erholungsbereiches gegenüber aktiver Freizeitgestaltung: Tätigkeiten der Erholung – von »nichts tun, ausspannen, faulenzen« über »Medienkonsum« bis »miteinander reden, erzählen« – liegen fast alle bei über 90 % der Befragten, während einzelne aktive und/oder soziale Freizeittätigkeiten im Bereich der Wohnung – von »sich mit einer Sammlung beschäftigen« über »Basteln«, »Besuch empfangen« bis »Gymnastik, aktiver Sport, Yoga etc.« – sehr unterschiedliche, von 10 % bis zu 99 % reichende Werteverteilungen aufweisen (siehe *Tabelle 8* in Kapitel 7, Seite 47/48).
Nun werden Freizeit bzw. Freizeitgestaltung in der öffentlichen Vorstellung allerdings doch eher als Tätigkeiten außerhalb der Wohnung angesehen, ob das nun Theaterbesuch, Spazierengehen, Tanz oder (in erster Linie) Sport ist. Das heißt, daß Freizeitgestaltung nicht unmittelbar mit Verhaltensweisen im *Inneren* der Wohnung, also mit passivem, rekreativem Wohnverhalten, mit der Erholungsfunktion assoziiert wird. Dies hat gewiß sachliche Gründe, denn schließlich ist die Wohnung weder ein Tanzboden noch ein Fußballfeld. Wenn eine neuere Untersuchung über die Freizeitbedürfnisse westdeutscher Bürger zeigt, daß die Aktivitäten außerhalb der Wohnung deutlich häufiger gewünscht als realisiert werden und die Aktivitäten innerhalb der Wohnung, also Gestaltungen wie »Fernsehen« oder »Radio hören«, häufiger praktiziert werden, als sie eigentlich gewünscht sind[63], dann unterstützt dieses, wohlgemerkt auf die Freizeitbedürfnisse ausgerichtete Ergebnis unsere Erkenntnisse mit Bezug auf den stetig stärker werdenden Rückzug in die Privatheit auch beim Freizeit-Wohnverhalten. Auch hier hat die Privatsphäre der Wohnung für den Bewohner ein doppeltes Gesicht: Sie schützt den einzelnen und bietet Sicherheit für Erholung und Entspannung, andererseits verhindert sie die Realisierung anderer, auf Außenaktivitäten beruhende Bedürfnisse. Die direkte Verfügbarkeit der Erholungsfunktionen drinnen in der Wohnung setzt einen ungleich stärkeren Verhaltensimpuls als die draußen, im öffentlichen Raum gelegenen Freizeitangebote.

63 *Walter Tokarski und Reinhard Schmitz-Scherzer,* Freizeit, Stuttgart 1985, S. 104 bis 110.

Daß die Einführung und Verbreitung technischer Medien, ob in Küche, Wohnzimmer oder Bad, das Wohnverhalten beeinflußt hat, braucht nicht sonderlich betont zu werden, ebensowenig wie die hierdurch veränderten Funktionszuweisungen der einzelnen Räume und deren Einrichtungsgestaltung. Welche Erkenntnisse uns die Untersuchung zu diesem Problemkreis erbracht hat, wird vorzulegen und zu diskutieren sein, wenn wir uns den Veränderungsabläufen beim Wohnerlebnis in den einzelnen Räumen im zweiten Teil dieses Kapitels zuwenden.

b) Wohnbedürfnisse

Um Gründe und Art von Wohnbedürfnissen empirisch erfassen zu können, bieten sich als Bezugsrahmen die in den Kapiteln 7 und 8 abgehandelten Komplexe »Einrichtungsverhalten« und »Wohnzufriedenheit« an. Im Hintergrund der diesbezüglichen »Haltungen« des einzelnen, sozusagen als soziopsychologische Triebkraft, stehen weit über elementare psycho-physische Grundbedürfnisse hinausreichende Gestaltungsvorgänge, um das Ziel eines einigermaßen zufriedenstellenden Wohnerlebnisses zu erreichen. Werden doch allein schon ästhetische Bedürfnisse durch bewußte Gestaltung befriedigt, beispielsweise durch die harmonische Anordnung der Gegenstände in einer Wohnung, ob Möbel oder die Position der gerahmten Fotografie vom Heiratstag.
Was die Gestaltungsvorgänge für und bei einzelnen Räumen der Wohnung angeht, hat sich in unserer Erhebung erwartungsgemäß gezeigt, daß Anschaffungen für den Wohnzimmerbereich bei weitem diejenigen für den Schlafbereich überragen. Dessen ist sich die Einrichtungsindustrie durchaus bewußt. Sie produziert quantitativ mehr Wohnzimmer- als Schlafzimmergegenstände und richtet auch ihre Werbung stärker auf jene denn auf diese aus. Sie folgt damit der Multifunktionalität des Wohnzimmers und seiner Einrichtung; sie beachtet die nur wenigen Funktionen, wenn nicht gar nur die einzige, die das Schlafzimmer und seine Einrichtung zu erfüllen hat. Allerdings fällt auf, wie aus dem sich vornehmlich auf Tische, Stühle, Schränke und Polstermöbel konzentrierenden Angebot zu entnehmen ist, daß der *fortentwickelten* Multifunktionalität des Wohnraumes – seiner von uns dargestellten Nutzungsvielfalt (beispielsweise als Wohn-Eßzimmer, Repräsentationsraum, Arbeitsraum und/ oder als Raum für passive und aktive Freizeitbeschäftigung) – in Angebot und Propagierung wenig Aufmerksamkeit geschenkt wird.
Es wird übersehen, daß, je mehr Funktionen ein Raum erfüllt oder erfüllen soll (vielfach durch die materielle Bausubstanz eingeschränkt), d. h., daß, je komplexer oder wichtiger die an ihn gestellten Anforderungen zur Befriedigung bestimmter Bedürfnisse sind, die Gestaltungsunterfangen für diesen

Raum um so nachdrücklicher werden – Vorgänge, die zur Investitionsbereitschaft für Zeit, Arbeit und Geld führen.

Dabei stehen dem Gestaltungsprozeß mehrere Wege offen: Renovierungen, Eigenanfertigungen, Anschaffungen oder Übernahme von Gegenständen und/oder eine Kombination dieser Gegebenheiten. In diesem Zusammenhang ist auf einen Veränderungsablauf mit Bezug auf die Befriedigung von Wohnbedürfnissen durch Gestaltungs- bzw. Einrichtungsverhalten hinzuweisen, dessen Rolle bei der Herstellung des Wohnerlebnisses nicht unterschätzt werden darf. Und zwar sprechen wir hier von der *Traditionsgebundenheit* durch Vererbung und Übernahme von Einrichtungsgegenständen. Während in der von uns zu Anfang der sechziger Jahre durchgeführten Wohnstudie 18 % der Befragten im wichtigsten Raum, dem Wohnzimmer, ererbte Einrichtungsgegenstände in Gebrauch hatten[64], waren es jetzt nur noch 4 % aller Befragten, die den größten Teil der Einrichtung des ihnen wichtigsten Raumes ererbt oder übernommen hatten, was im Grunde bedeutet, daß derzeit das Einrichtungsverhalten beinahe schon generell mit dem Anschaffungsverhalten gleichzusetzen ist (siehe *Tabelle 7* in Kapitel 6, Seite 38).

Der Rückgang der Erbfreudigkeit bedeutet auch einen Rückgang der Traditionsgebundenheit. Es wird, aus welchen Gründen auch immer, kein Wert mehr darauf gelegt, die »kostbare« Glasvitrine, den »antiken« Bauernschrank oder die »echte« Ledergarnitur zu übernehmen, die in Mutters guter Stube oder in Vaters Herrenzimmer standen. Denn was wie ein jedes Möbelstück diese einstens symbolisierten, paßt einfach nicht mehr zu dem neueren, von Tradition und Herkömmlichkeit abgegrenzten Symbolmilieu, wie es sich der einzelne mittels seiner Einrichtung schafft. Im Kollektivgedächtnis mögen Traditionsindikatoren noch vorhanden sein (daher die vielen Schriften über Wohn- und Stilgeschichte), jedoch das Individualgedächtnis hat sich davon abgewandt.

Sucht man nach soziologischen Begründungen für diese Veränderung in der Haltung eines Großteils der Bevölkerung, lassen sich – abgesehen von Praktikabilitäts-, Raum- und Geschmackserwägungen – mehrere das Verhalten beeinflussende, die westdeutsche Gesellschaft durchziehende Tendenzen anführen. Da ist erstens jene sich auf die unglückliche, nur an die sechzig Jahre zurückliegende Vergangenheit beziehende Verdrängungstendenz, die von Politik über Moral, Ökonomie, Inhumanität, Mord und Totschlag bis in die Symbolwerte von Gegenständen aller Arten hineinreicht. Die von der Zerstörung geretteten Möbelstücke verkörpern ebenso wie erhaltene Bauten die im Kollektivgedächtnis unausrottbar verbliebenen Symbole von Not und Leiden. Innerhalb dieses Verdrängungsprozesses liegt, wie ein kompensatorischer Faktor wirkend, jener Trend zur Individualisierung, zum Ausschluß von

64 *Alphons Silbermann*, op. cit., S. 35.

Öffentlichkeit, auf den wir in manchen Hinsichten schon mehrfach gestoßen sind.

Dann aber ist auch daran zu denken, daß nicht umsonst von einer »Wegwerf-Gesellschaft« gesprochen wird, wenn das ansteigende Volumen der Müll- und Sperrgutabfuhr und dessen Verarbeitung in Betracht gezogen wird. Und letztlich ist auf einen Zeitfaktor, auf das ansteigende Tempo zu verweisen, unter dem die Lebensläufe abrollen. Dieser Geschwindigkeitsanstieg läßt wenig Zeit für Beschaulichkeit und Anhänglichkeit an die uns umgebenden Dinge. Sofortiges Handeln ist gefragt, und so hat sich denn auch anhand unserer Ergebnisse gezeigt, daß die Geschwindigkeit, mit der derzeit Veränderungen der Wohnbedürfnisse in der Einrichtungsgestaltung vonstatten gehen, wesentlich angestiegen ist. In diesem Zusammenhang ist auch die Geschwindigkeit angestiegen, mit der das Kollektivgedächtnis sich vom Tradierten loslöst und sich von einem Modetrend zum nächsten bewegt, ja selbst von einem Wohnstil zum anderen. Das Tempo der Wohnwandlungsprozesse zur Bedürfnisbefriedigung beim Wohnerlebnis ist ungemein angestiegen und wird, was die Einrichtungsgestaltung betrifft, durch ein sich diesem Tempo angepaßten ausgiebigen Angebot auf dem Einrichtungsmarkt unterstützt und zufriedengestellt.

Anders als bei der Einrichtungsgestaltung ist es um die Bedürfnisverwirklichung auf dem Wohnmarkt (darunter Bausubstanz, Wohnungsgröße, Balkon, Garten etc.) und beim Wohnumfeld (darunter Landschaft, Grünflächen, Einkaufgelegenheiten, Verkehrssituation etc.) bestellt. Hier steht der einzelne einer Entwicklung gegenüber, bei der der Angebotsmangel bei weitem das Nachfragevolumen übersteigt, wobei hinzukommt, daß er in diesen Bereichen seine Bedürfnisse nur *artikulieren* kann, ihre Befriedigung jedoch in den Händen von Planern, Verwaltungen, Gemeinwesen und anderen öffentlichen Organisationen und Institutionen liegt.

Zwar ist von vielen Autoren schon vor Jahren darauf hingewiesen worden[65], daß Wohnlagenzufriedenheiten vor allem mit der Nähe zum Grünen, also z. B. am Stadtrand oder für innerstädtische Bereiche mit dem Vorhandensein eines Balkons zusammenhängen, doch ein Blick auf die in *Tabelle 10*, Kapitel 7/3 (Seite 53) angeführten, auf unserer Befragung beruhenden Aussagen zu Vor- und Nachteilen der Wohnung zeigt, daß bei den Nachteilsnennungen die *Verkehrssituation* mit 21 % den deutlich wichtigsten Platz einnimmt. Es manifestiert sich hier eine verschlechterte Situation der Infrastruktur, die durch

65 Siehe u. a.: *H. P. Bahrdt,* Die moderne Großstadt, 2. Aufl., Hamburg 1969; *Lothar Dittrich und Eberhard Eppensteiner,* Auswirkungen der Verdichtung auf Wohnumwelt und Wohnverhalten in Demonstrativbauvorhaben, Schriftenreihe des Bundesministers, bearbeitet im SIN-Städtebauinstitut-Forschungsgesellschaft, Nürnberg 1979.

die zunehmend schlechte Verkehrssituation vor allem in den Ballungsgebieten direkte Auswirkungen auf die Wohnzufriedenheit und damit das Wohnerlebnis hat. Nach den Ergebnissen aus unserer Erhebung zu urteilen, wird die Verbesserung dieses Negativbereiches, sei es durch Verkehrsverringerung oder -beruhigung und/oder Leistungsausbau des öffentlichen Nahverkehrs, derzeit als Bedürfnisbefriedigung offensichtlich dringlicher erlebt als die Verbesserung des Wohnumfelds, beispielsweise durch die Anlage von Grünzonen oder die Konstruktion von Balkons, wie sie als nutzlose Miniornamentierungen von Architekten dort angebracht werden, wo die Hausfront an einer verkehrsreichen Hauptstraße liegt.
Daß der Ablauf des *Familienzyklus,* das heißt die Ablösung des einzelnen von der Herkunftsfamilie, die Gründung einer eigenen Familie oder andere Lebensformen und die Auflösung der Familie immer wieder neue Wohn- und Einrichtungsbedürfnisse entstehen lassen, präsentiert sich als eine Selbstverständlichkeit und bedurfte keines Nachweises. Wohl war der Befriedigung der daraus entstehenden Bedürfnisse und den damit verbundenen Gestaltungsprozessen nachzugehen.
Beim Ablauf des Familienzyklus hat sich gezeigt, daß die Realisierungsunterfangen den gleichen sozialen und ökonomischen Trends folgen, die auch die global-repräsentativ erfaßte Gesamtbevölkerung leiten. Allerdings bleibt unerklärlich, wieso bei den sich aus dem Familienzyklus ergebenden Befriedigungsversuchen von Wohnbedürfnissen der Anteil von *Eigenleistungen* bei Renovierungsarbeiten und gar bei der Herstellung von Einrichtungsgegenständen verhältnismäßig hoch ist (*Tabelle 12* in Kapitel 8/2, Seite 59). Womöglich verbinden sich bei der Lebensform der Familie Anteile der traditionellen Konformität mit Anteilen an der von uns demonstrierten Individualisierungsbewegung, der die »Do it yourself«-Propaganda mit ihren vielfältigen Angeboten weitgehend entgegenkommt.

c) Wohnleitbilder

Wohnleitbilder zur Gestaltung der Wohnung als Ganzes und dem darin sich eröffnenden Wohnerlebnis beziehen sich in stärkerem Maße auf Einrichtungsgegenstände, Anordnungen, Farbgestaltung, Ausstattung etc., also auf dingliche Elemente, denn auf Lage, Größe oder Umfeld der Wohnung. Das war nicht immer so gewesen, wenn wir zu bedenken geben, daß für das Erkennen des sozialen Status einer Familie im allgemeinen eher die Wohnlage indikativ gewesen war als der Typ der Behausung und ihr Inhalt. Gewiß spielen bei dieser Gewichtungsverlagerung Wohn- und Raummangel, absonderliche Grundstückspreisentwicklungen und Verkehrsverbindungen eine Rolle, aber auch ein Trend zur Reduktion von nach außen hin sichtbaren Statussymbolen,

Trend, der nicht etwa dem ideologischen Verlangen nach einer »klassenlosen Gesellschaft« folgt, sondern vordringlich einem stetig tiefer eindringenden Demokratiebewußtsein in die Bevölkerung. Dieser gesellschaftliche Wandlungsprozeß – der übrigens nach dem nur cirka 50jährigen Bestehen einer Demokratie in der Bundesrepublik bei weitem noch nicht vollendet sein kann – muß nicht notwendigerweise zu dem Konformitätsdiktum vom »Doing as the Jones'es do« der Amerikaner führen, ist aber anzuführen, weil er mit zu den Beeinflussungsgrößen gehört, die wie Gruppenzusammengehörigkeit, Identitätskonzepte, Mode etc. Wohnleitbilder beeinflussen, neu gestalten und schaffen.

Abgesehen vom Ansteigen des demokratischen Alltagsbewußtseins der Bevölkerung und der Nivellierung von Klassengegensätzen, darf nicht übersehen werden, daß sich breite Sozialschichten am Massenkonsum orientieren, d. h., daß eine Beeinflussung, fast ließe sich sagen ein Druck durch die Vielfältigkeit des Massenangebots ausgeübt wird. Michael Andritzky sieht darin den »Übergang von einer Bedarfsdeckungs- zu einer Bedarfsweckungswirtschaft«[66]: Es »propagiert die Industrie durch inszenierten modischen Wechsel, daß sich die Menschen spätestens alle fünf bis acht Jahre neu einrichten sollen.«[67] Dieser »Soll«-Vorstellung von einem Wohnleitbild wird nach unseren in Kapitel 8/2 (Seite 57) dargestellten Ergebnissen insofern Folge geleistet, als in einem Rhythmus zwischen drei bis vier und fünf bis acht Jahren – zumindest teilweise – Wohnveränderungen vorgenommen werden, die sich bedingterweise auch im Einrichtungskonsum niederschlagen.

Jedoch, wenn sich auch im Vergleich zu vor ca. 30 Jahren ein immer kürzer werdender Rhythmus für Veränderungen im Einrichtungsverhalten ergeben hat – die Veränderungen beziehen sich nicht immer auf eine komplette Raumeinrichtung, sondern meist nur auf einzelne Gegenstände. Darin zeigt sich, daß trotz aller marktmäßig gesetzten Wohnleitbildertrends Eigeninitiativen der Bewohner zur Geltung kommen, daß durchaus eigene Wege gegangen werden, eine Aussage, die allein schon durch die Ergebnisse zur Erhebung über »Notwendige Einrichtungsgegenstände zum Wohlbefinden« (in Kapitel 8/3, Seite 60) bestätigt wird.

In den sechziger Jahren, zur Zeit, als wir unsere erste Untersuchung über das Wohnen der Deutschen vorlegten, unterlagen Wohnleitbilder für das Einrichtungsverhalten einer starken Beeinflussung durch die Ausdehnung des Marktes für aus dem Ausland, aus Italien, Schweden, Frankreich und Amerika, kommende Einrichtungsgegenstände. Derlei Importe ziehen diejenigen soziokulturellen Wohnweisen hinter sich her, aus denen sie entsprungen sind und die

66 In: *Michael Andritzky und Gert Selle* (Hrsg.), Lehrbereich Wohnen, Hamburg 1982, S. 198.
67 Ebenda, S. 199.

sie zu befriedigen haben. Es wurden andere Akzente für das Wohnerlebnis gesetzt, solche, bei denen »modern«, »schick«, »lässig«, »elegant«, »extravagant«, »bequem« als Wertsetzungen nach vorne traten, insbesondere aber solche, die als italienischer, amerikanischer etc. Stil in Erscheinung traten und sich grundlegend von der deutschen Wohnstilkultur unterschieden.
Wenn, wie allein schon am Marktangebot erkenntlich, inzwischen diese Periode als eine »revolutionäre« vorübergegangen ist, nichtsdestoweniger italienische, schwedische oder französische Möbel mit ihrem spezifischen Stil Eingang in deutsche Wohnungen finden, dann darf gesagt werden, daß sie in die deutsche Wohnstilkultur integriert worden sind, aber nur insoweit, als sie der von uns durchgehend nachgewiesenen Orientierung an Funktionalität und Rationalität – ob bei Stilfragen, bei Umzugsmotivationen oder in den Beurteilungen von Werten und Einrichtung im besonderen – entsprechen. Zweifellos können zahlreiche Stile nebeneinander stehen, angezweifelt aber werden muß, daß damit auch die gleiche Anzahl verschiedener Wohnleitbilder gilt.
Wenn verkündet wird, »Was jeder will, ist: gemütlich oder gar repräsentativ wohnen. Und weil unter Gemütlichkeit jeder etwas anderes versteht, reicht das Wunschbild von ›konservativ/einheitlich‹ bis ›alternativ/biologisch‹«[68], dann wird – wahrscheinlich aus rein propagandistischen Gründen – Unkenntnis verbreitet. Denn es ist eben *nicht* davon auszugehen, daß unter Gemütlichkeit »jeder etwas anderes versteht«, beziehungsweise Wohnleitbilder sich nicht valide erfassen lassen. Haben doch beispielsweise unsere Ergebnisse zum Stellenwert der Wohnung im Leben der Bevölkerung gerade im Hinblick auf die soziale Komponente des Wohnerlebnisses (also z. B. der Familie) *Funktionalität* als Wohnleitbild mit Deutlichkeit hervorgehoben (siehe die in Kapitel 9, Seite 69/70 angeführten Werte).
Unsere Ausführungen über die sich im Stellenwert der Wohnung und in Stilpräferenzen bei der Wohnungseinrichtung niederschlagenden Wohnleitbilder – allemal durch die in vorhergehenden Kapiteln dargelegten Ergebnisse der Repräsentativuntersuchung unterlegt – zeigen auf, daß die überstarke Betonung des Einflusses der darin enthaltenen *emotionalen* Elemente dem Einrichtungsverhalten der Großzahl der Bevölkerung nicht entspricht. Die biedermeierliche Idylle mit ihrem Gefühlsüberschwang[69] ist längst verschwunden, und Aufrufe wie »Entdecken Sie Ihre Innenwelt« und »Vergessen Sie die Vordenker, Vorschmecker, Vortaster, Vorbilder«[70] sind längst überholte Phraseologien ohne Wirklichkeitsbezug. Der Bevorzugung eines sich auf

68 *Hermann Lübke*, in: »Die Welt« vom 19. 1. 1988, S. 13.
69 Siehe hierzu *Ursula A. J. Becher*, Geschichte des modernen Lebensstils, München 1990, S. 116 ff.
70 Aus dem Klappentext des Buches von *Franz Wansch*, Wohnen mit Körper, Geist und Seele, Reinbek bei Hamburg 1989.

ein Leitbild beziehenden oder von ihm beeinflußten Einrichtungsstils geht ein Zusammenspiel zwischen den sozialen und ökonomischen Bedingungen der Lebenssituation des einzelnen und den über den Sozialisationsprozeß mitgegebenen Leitbildern voraus. Stilpräferenzen sind also schon allein aufgrund personenbezogener Faktoren sehr wohl als ein rational konditioniertes Gebilde anzusehen und nicht als ein vordringlich emotionales (wie beispielsweise »Gemütlichkeit«), um so mehr, als über den Einfluß der persönlichen Situation und dem des allgemeinen Stellenwertes der Wohnung auch funktionale Aspekte in die Stilbevorzugungen einfließen, beispielsweise eher der Dienlichkeit fürs Familienleben oder für Statusrepräsentation unterliegen.
Daß die hier behandelten Beziehungen zwischen Wohnleitbildern und Einrichtungsverhalten allgemein sowie mit Bezug auf Stilpräferenzen im besonderen – wenn empirisch faktisch und nicht fingerspitzengefühlsmäßig erfaßt – in der Realität komplexer sind als vom Einbahnweg geleitete Unterfangen, davon weiß die Werbung mit ihren Wertepropagierungen und Appellen ein verfängliches Lied der Unsicherheit zu singen. Gewiß, grosso modo gesprochen, hält sie sich davor zurück, ausschließlich für neue Stilsetzungen zu werben, und versucht zumindest, ihre Appelle einem Bezugsrahmen anzupassen, der die oben angeführten personenbezogenen Faktoren umfaßt. Allerdings, wie unsere Analyse der Nutzung und Rezeption von durch Massenmedien propagierte Wohnleitbilder in Kapitel 10, Teil I, 1 (Seite 77) aufgezeigt hat, bedient sie sich dabei in erster Linie gesellschaftlich längst existierender und inzwischen im großen und ganzen auch längst überholter Leitbilder, darunter der emotionsgeladenen. Was dann so wunderschön klingt und mehrfarbig das Auge besticht, steht jedoch meist mit den personenbezogenen rationalen und funktionalen Faktoren nicht im Einklang, so daß der gewünschte bestärkende Einfluß verpuffen muß.
Kraß gesagt, will sagen ohne Beachtung der Variationsbreiten von Wohnleitbildern, nur auf die vorherrschenden Hauptgrundlinien ausgerichtet, lehnt der Leser Werbeappelle ab, die im Gegensatz zu seinen eigenen Wohnleitbildern stehen, vor allem, wenn sie nicht in die grundsätzlichen Funktionen seines Wohnens, seiner Einrichtung und damit der funktionalen Gestaltung des Wohnerlebnisses einzupassen sind. In Kapitel 10, Teil II,2 (Seite 87) haben wir den Nachweis für diese Unstimmigkeit anhand eines Ergebnisvergleichs zwischen der von uns durchgeführten Inhaltsanalyse und der Repräsentativbefragung dargetan. Aus ihm läßt sich entnehmen, daß die Werbung in ihrer derzeitigen Ausrichtung, Strategie und Aufmachung keinerlei Präferenzen *originär erzeugt;* höchstfalls bestärkt sie vorhandene Einstellungen und Leitbilder und hilft, diese in Präferenzen umzusetzen.
Die Analyse des Auseinandergehens zwischen propagierten und real vorhandenen Wertsetzungen (in den Kapiteln 9 und 10 abgehandelt) bietet sich der Werbung zur Verbesserung einer Werbestrategie an, die sich auf ihre realisti-

schen Möglichkeiten besinnt und so der Gefahr entgeht, wirkungslos über das Ziel hinauszuschießen. Als Grunderkenntnis wurde diese Empfehlung schon öfter vorgelegt. So wurde z. B. bei einer der vielen Tagungen über »Wohnbedürfnisse der Zukunft« ausgeführt, daß im Gegensatz zur Einrichtungsprospektwerbung mittels Tageszeitungsbeilagen die Wohnzeitschriften schon lange »Vorschläge für multifunktionales Wohnen, mehr Möglichkeiten für Kinder etc.« machen, während die Prospekte sich hauptsächlich am Hang zur Tradition und Repräsentation orientieren.[71] Offensichtlich ging der Referent davon aus, daß die Anteile der Traditions- und Repräsentationsorientierung bei der Prospektwerbung mit den Anteilen dieser Orientierung bei der realen Einstellung der Bevölkerung übereinstimmen. Indes lassen die von uns angeführten Divergenzen erkennen, daß, falls die Werbung der in dieser Studie mehrfach erfaßten rationalen Haltung der Bevölkerung entsprechende Wirkungen hervorrufen will, sie ihre Werbestrategien stärker an *funktional* ausgerichtete Wohnleitbilder angleichen muß.

Teil II

Die einzelnen Räume

1. Das Wohnzimmer

Über Entwicklung und Veränderungen der Einrichtungs- und Stilgestaltung des Wohnzimmers wird nach wie vor viel geschrieben. Mit oder ohne Illustrationen lesen wir darüber in Büchern, Zeitschriften und selbst in den immer häufiger werdenden Wohnbeilagen in den Tageszeitungen. Letztendlich, ob aus wissenschaftlichen, künstlerischen, industriellen oder journalistischen Kreisen kommend, stützen sich die diversen Veröffentlichungen allemal auf Betrachtungsweisen, die ihre Herkunft aus der Kunst- und Designgeschichte erkennen lassen.[72] Entwicklung und Veränderungen werden als eine kulturhistorische Kette propagierter und realisierter Stilinnovationen verstanden, zurückgeführt auf eine zu einem bestimmten Zeitpunkt existierende Bandbreite verschiedener Einrichtungsstile nebeneinander. Im Ablauf heißt das:

71 *Helmut Krauch,* in: Loccumer Protokolle: Wohnbedürfnisse der Zukunft, Tagung vom 23.–25. 5. 1975, Loccum 11/75, S. 9.

72 Als Beispiele aus neuerer Zeit sind anzuführen: *Klaus-Jürgen Sembach* (Hrsg.), Neue Möbel. Ein internationaler Querschnitt von 1950 bis heute, Stuttgart 1982; *Annemarie Weber,* Immer auf dem Sofa, Berlin 1982; *Gert Selle,* Design-Geschichte in Deutschland, Köln 1987; *Joachim Petsch,* Eigenheim und gute Stube, Köln 1989; *Ursula A. J. Becher,* op. cit.

Ein neuer Stil taucht auf, wird akzeptiert, gewinnt an Verbreitung und erhält einen festen Platz neben anderen Stilen, wodurch auf die Dauer die Verdrängung älterer Stile beschleunigt wird, so daß diese eines Tages gänzlich aus der Stilpalette herausfallen.
Diesem Annäherungsweg an die Erkenntnis von Veränderungen in der Stilgestaltung – so wertvoll und faszinierend er auch ist – kann sich der Soziologe nicht anschließen. Er kann nur auf der Grundlage der empirischen Erfassung des Wohn- und Einrichtungsverhaltens im Zusammenhang mit dem Wandel und den Veränderungen von im gesellschaftlichen System gelegenen geltenden Werten, ökonomischen Bedingungen oder Lebensweisen zur Erfassung konkreter Innovationen im Wohnzimmer vordringen, zu solchen, die meßbar sind. Unter die Meßbarkeitsmöglichkeiten fallen auch die Auswertung von Daten über Einrichtungspräferenzen mit Bezug auf die soziale Schichtung, auf die unterschiedlichen Schichten in der Bevölkerung.
Dieser Möglichkeit sind wir allerdings aus folgenden Gründen *nicht* nachgegangen: Erstens hätte eine solche Bezugnahme die Formulierung einer auf die Situation Westdeutschlands heute zutreffenden Indikatorenliste zur Sozialschichtung vorausgesetzt, was sowohl den wissenschaftlichen als auch den forschungsökonomischen Rahmen gesprengt hätte. Zweitens führt eine Schichtorientierung der Einrichtungs- und Stilpräferenzen, wenn sie überhaupt sinnvoll sein sollte, unweigerlich zu unentgeltlichen kritischen Bewertungen von Geschmack, über den sich im Gegensatz zu der Verfänglichkeit des diesbezüglichen Sprichworts sehr wohl streiten läßt, zumal Geschmack – wie immer wieder zu betonen ist – nicht nur von sozialen Faktoren abhängig ist, sondern überdies auch von biologischen, technologischen, schöpferischen Faktoren und nicht zuletzt von dem aus der Vergangenheit übernommenen sozio-kulturellen Erbe. Nützt es doch wenig, einige soziodemographische Merkmale, sagen wir Bildung und Einkommen, zu Schichtetiketten zusammenzufassen und diesen bestimmte Stile zuzuordnen, da eine solche Zuordnung über die Struktur des Wohnens in diesen Stilen sowie über die von ihnen ausgehenden Impulse auf Verhalten, Einstellungen und Erlebnisweisen der Menschen nichts aussagt, kurz, zu der uns hauptsächlich interessierenden Klärung und Veränderung des Wohnerlebnisses nichts beitragen kann. Uns sind die konkreten Umstände wesentlich, auf die sich Veränderungen im deutschen Wohnzimmer zurückführen lassen, und nicht gesellschaftskritische Thesen über gelebte Schichtkulturen.
Das Wohnzimmer als Ort sowohl der Repräsentativität als auch der Funktionalität hat – wie anhand unserer Repräsentativbefragung aufgezeigt werden konnte – schon allein durch eine sich über die Jahre abschwächende Traditionsgebundenheit zuungunsten der Repräsentation in seiner Bestimmung als Ort der Funktionalität so weit zugenommen, daß *Multifunktionalität* zum belangreichen Wohnzimmerwert geworden ist. Bei einem nicht geringen Teil der

Befragten zeichnete sich eine Tendenz ab, die den Wohnzimmerwert nicht nur in einer Kombination aus Repräsentativität und Funktionalität sahen, sondern zugleich nach einem *Mehr* an Repräsentativität suchten, indem sie Stilpräferenzen zum Ausdruck brachten, bei denen Funktionalität sich mit einer »leicht modernistischen Ausprägung« verband. (Siehe hierzu Abb. 1 in Kapitel 8/4 und die dazugehörenden Erläuterungen, Seite 63.)
Unter der Überschrift »Tätigkeiten in der Wohnung« haben wir in Kapitel 7/1 sowohl die mannigfachen Aktivitäten in der Wohnung als auch die Räume mit der höchsten Nennung zur Ausübung dieser Tätigkeiten behandelt und in *Tabelle 8* (Seite 47/48) zusammengestellt. Hieran ließ sich jene Multifunktionalität, jene im Wohnzimmer stattgefundene Veränderung an einem nur einigen wenigen Funktionen dienenden zu einem vielfachfunktionalen Ort ablesen. Vielerlei Tätigkeiten werden und wurden schon immer im Wohnzimmer verrichtet, aber daß von 98 % aller Befragten, die als Tätigkeit Fernsehen angaben, diese Tätigkeit mit dem im Vergleich zu Radio hören, Zeitungen lesen, Karten spielen, Ausspannen höchsten Prozentsatz von 74 % im Wohnzimmer ausübten, muß für Wohnverhalten und Funktionszuweisungen beachtliche Folgen gezeitigt haben.
In der Tat darf gesagt werden, daß die Einführung des Fernsehens in den westdeutschen Haushalt genau wie andernorts eine Art Revolution in der Wohnzimmergestaltung hervorgerufen und das gesamte Wohnerlebnis in und mit diesem Raum verändert hat. Denken wir nur daran, daß die Plazierung des Fernsehempfängers der Sichtstellung, dem Lichtfall und den Anschlußmöglichkeiten zu gehorchen hat und damit der Raum mitsamt den darin angelegten Bewegungslinien zwischen den Möbelstücken aufgebrochen wird. Geschlossene Zellen wie die zentral gestellte Couchecke mußten aufgelöst werden; Ecken oder zentrale Wandpositionen mußten hergerichtet werden, um dem Fernsehgerät seine Stellung als dominierender Einrichtungsgegenstand so zu gewährleisten, daß bei gemeinsamem Fernsehen in Mehr-Personen-Haushalten für alle Mitglieder der Sichtwinkel stimmt (Foto 5). Haushalte ohne Fernsehempfänger sind, nach den Statistiken zu urteilen, derzeit eine Seltenheit, ebenso wie das spezielle Fernsehzimmer nur dort auftritt, wo gegebenenfalls Überfluß an Räumen herrscht. Im übrigen ist es das Wohnzimmer, das für mehrere Stunden am Tage zum Fernsehraum umfunktioniert wird: Die Etablierung des Fernsehens als unverzichtbarer Einrichtungsgegenstand hat an der Entwicklung zur Multifunktionalität des Wohnzimmers einen erheblichen Anteil. Wie mehrfach nachgewiesen wurde[73], ist Fernsehen für Kinder eine

73 *Franz Bertold,* Das Kind und seine Erlebniswelt, Osnabrück 1970; *Manfred Meyer (Hrsg.),* Wie verstehen Kinder Fernsehprogramme?, München, New York, London 1984; *Aimée Dorr,* Television and Children, Beverly Hills, London, New York, Delhi 1986; u. a. m.

5. Das Fernsehgerät als zentrales Möbelstück

spielerische Angelegenheit, was in unserem Zusammenhang bedeutet, daß dort, wo das Fernsehgerät im Wohnzimmer steht, diesem für einige Stunden am Tage die Funktion eines Spielraums zuzuordnen ist.
Durch die *Ausdehnung* des Wohnzimmers zu einem multifunktionalen Raum (Foto 6) sind grundlegende Veränderungen bei Wohnen und Wohnerlebnis im Vergleich zu Wohnen und Wohnerlebnis in den sechziger Jahren zustande gekommen. Ein nicht zu übersehender Faktor bei Entstehung und Fortentwicklung der Multifunktionalität des Wohnzimmers ist die für die Wiederauf- und Ausbaugeschichte des westdeutschen Wohnraums dekretierte und vorgenommene Normierung der Bausubstanz, die im Vergleich zu den anderen Räumen einer Standardwohnung das »große« Wohnzimmer hervorgebracht hat. Das heißt, daß die Gestaltung des Wohnerlebnisses auf der Basis der Multifunktionalität nicht einem absolut freiwilligen Wohnverhalten zuzuschreiben ist, sondern sich zwangsläufig aus den baulichen Gegebenheiten ergeben hat, aus den von uns als »Zwangsjacke« bezeichneten Planungen und Konstruktionen.
Ein zweiter wesentlicher Faktor ist durch die Anhäufung von ins Wohnzimmer verlegten Tätigkeiten hervorgerufen, wie sie in *Tabelle 8*, Kapitel 7/1 (Seite 47/48) aufgrund unserer Befragung zusammengestellt wurden. Nicht nur entstehen hierdurch Spannungen zwischen der Erfüllung von kollektiven und individuellen Bedürfnissen der Bewohner, sondern überdies übersteigen sie die an das Wohnzimmer gestellten oft höchst gegensätzlichen Anforderungen, die sich nicht immer durch eine den Gelegenheiten angepaßte flexible Prioritätensetzung der Bewohner lösen lassen, vor allem, wenn zur Erfüllung der Wohnbedürfnisse dauerhafte und feststehend angeordnete Einrichtungsgegenstände vorgesehen sind. Sicher, das im Wohnzimmer herumliegende Spielzeug der Kinder läßt sich wegräumen, wenn für abends Besuch angesagt ist, auch Stühle und Sessel lassen sich, der Gelegenheit angepaßt, umarrangieren – aber was ist mit dem vierbeinigen Tisch, gleich welcher Funktion er dient (Arbeiten, Schreiben, Essen), was mit den an feste Plätze gebundenen Apparaturen (Fernsehgerät, Schallplatten-, Videoapparat) und nicht zu vergessen, der mit allen möglichen Sachen angefüllten Schrankwand?
Angesichts der von uns festgestellten zunehmenden Orientierung eines Großteils der Bevölkerung hin zur Nutzung des Wohnzimmers als multifunktionalem Raum muß und wird sich auch das Einrichtungsverhalten immer stärker verändern. Darauf hat sich die Industrie bei gewissen Einrichtungsgegenständen eingestellt, indem sie Angebote mit Attributen wie »zweckmäßig«, »praktikabel« u. ä. versieht. Doch das genügt weder mit Bezug auf das Angebot noch was das Design, die Konstruktion oder die Materialien betrifft. Die Attribute angebotener Möbel haben deutlich den Stempel flexibler, der Multifunktionalität des Wohnzimmers angepaßter Gestaltungs- und wechselnder Gebrauchsmöglichkeiten zu tragen.

6. Multifunktionalität auf kleinstem Raum

Was das Wohnerlebnis angeht, dem nach wie vor unser besonderes Interesse gilt, verleiht ihm die Multifunktionalität des Wohnzimmers – sei es mit Bezug auf individuelle und kollektive Nutzung in Mehr-Personen-Haushalten, auf potentielle Flexibilität und auch mit Bezug auf zu dem an diesen Raum gestellten Privatheitsanspruch – einen speziellen Charakter, der zum Teil Widersprüche, zum Teil Prioritätensetzungen der funktionalen Aspekte enthält, die bis hinein in den *Symbolwert* von Einrichtungsgegenständen reichen. Im einzelnen wird eine zufriedenstellende Erfüllung des Wohnerlebnisses in und mit dem Wohnzimmer durch die Normierungen beim Wohnungsbau erschwert, die trotz ihrer guten Absichten, im Wohnzimmer ausreichend Platz für ein gemeinsames Familienleben zu schaffen, sowohl die Widersprüche bei den Funktionsanforderungen ignoriert als auch die individuellen Verhaltensmodi.

Weiterhin sehen wir eine Erschwerung des Wohnerlebnisses im Wohnzimmer nicht nur angesichts der Widersprüche zwischen den sich dort erfüllenden Erholungs- und Freizeitfunktionen einerseits und den Repräsentationsfunktionen andererseits, sondern überdies auch angesichts der Gegensätze zwischen Erholungs- und Freizeitfunktionen. Haben wir doch in Kapitel 11, Teil I/2 (Seite 98 f.) aufzeigen können, daß eine auf die Erholungsfunktion des Wohnzimmers abgestimmte Einrichtung – z. B. die Verfügbarkeit von rekreativ zu gebrauchenden elektronischen Medien – die mit aktiven, kreativen und/oder außenorientierten Tätigkeiten verbundene Freizeitfunktion des Raumes erschwert. Die auf Erholungsfunktionen ausgerichtete Einrichtung beschränkt die unterschiedlichen Anforderungen bei der aktiven Freizeitgestaltung wie bei der rekreativen Erholungsgestaltung. Mehr noch: sie unterbindet Motivationen, die, wie beispielsweise Freizeitverhalten und -gestaltung, sich außerhalb der Wohnung abspielen, also mit dem Wohnraum ursächlich nichts zu tun haben.

Ferner hat die Multifunktionalität des Wohnzimmers, diese Überfrachtung mit Funktionen, das Wohnerlebnis für die gesamte Wohnung in seiner Gewichtigkeit verändert. Am extremsten wohl, was Schlafzimmer und Flur angehen, die angesichts der Wohnzimmerallfunktion sozusagen funktional verkümmern, indem der dort sich anbietende Platz mit seinen Einrichtungsmöglichkeiten ungenutzt bleibt.

Wenden wir uns jetzt der *Wohnzimmereinrichtung* zu, um festzustellen, ob und wenn ja, hier Veränderungen seit den sechziger Jahren stattgefunden haben. Dabei beziehen wir uns in erster Linie auf die in Kapitel 6 (Die Wohnräume, Seite 32) und in Kapitel 8 (Wohnbedürfnisse, Seite 55) vorgelegten Daten und Ergebnisse, die sich auf drei Ebenen der Auswertung anbieten. Erstens auf der Ebene der Daten über die Standard-Minimalausstattung des westdeutschen Wohnzimmers im Jahre 1989, wo festgestellt werden konnte, daß Gardine, Fernsehgerät, Blumen, Hängelampe, freistehender Schrank, Tapete bei über

70 % der Befragten im für das Wohnerlebnis wichtigsten Raum der Wohnung, dem Wohnzimmer, vorhanden sind. Die zweite Ebene umfaßt die Wechselbeziehungen zwischen dem Besitz bestimmter Einrichtungsgegenstände und bestimmten soziodemographischen Merkmalen (Alter, Einkommen etc.). Auf der dritten Ebene bewegen wir uns inmitten der Widersprüche zwischen den als notwendige Einrichtungsgegenstände artikulierten Bedürfnissen zum Wohlbefinden und der real vorhandenen Einrichtung, wenn die Daten beispielsweise aufgezeigt haben, daß rekreativ genutzte Medienapparaturen wie Fernseher und Radio real vorherrschender als ideal gewünscht sind.

Von den drei soeben skizzierten Ebenen ausgehend, stellt die nachfolgende *Tabelle 23* drei verschiedene Ranglisten von Einrichtungsgegenständen nebeneinander, die jeweils die ersten 16 Positionen ausweisen, und zwar für a) die Rangliste des Anschaffungsminimums zur Wohnzimmereinrichtung von 1961/1962, b) die Rangliste der Situation der Wohnzimmereinrichtung 1989, und c) die Rangliste der Einrichtungsbedürfnisse für das Wohnzimmer (notwendige Gegenstände zum Wohlbefinden) 1989. Alle in den Ranglisten für

Tabelle 23: **Einrichtungsminimum des Wohnzimmers im Vergleich von 1961/62 und 1989**

	1961/62 Anschaffungsminimum zur Wohnzimmereinrichtung (»Welche Gegenstände würden Sie auf jeden Fall anschaffen?«) Vgl. Silbermann 1963, S. 43/44.	1989 Situation der Wohnzimmereinrichtung 1989 Vgl.: Tab. 6 in Kap. 6d	Einrichtungsbedürfnis für das Wohnzimmer (= notwendige Gegenstände) Vgl.: Tab. 13 in Kap. 8 c
Rang nach % der Nennungen			
1.	Couch	Gardinen	Blumen
2.	Schrank	Fernsehgerät	Gardinen
3.	Sessel	Blumen	niedriger Couchtisch
4.	Gardinen	Hängelampe	Fernsehgerät
5.	Teppich	freistehender Schrank	Hängelampe
6.	Tapete	Tapete	Tapete
7.	Vorhänge	Vorhänge	freistehener Schrank
8.	Sofa	Teppichboden	Sitzgarnitur
9.	Bilder	Radio	Vorhänge
10.	Eßtisch	Bilder/Kunst	Sessel
11.	Stühle	Sessel	Teppiche
12.	Lampen	Jalousien/Rolläden	Bilder/Kunst
13.	Fernsehgerät	Teppiche	Stehlampe
14.	Couchtisch	Stühle	Teppichboden
15.	Anrichte	Sitzgarnitur	Radio
16.	–	Stehlampe	Sofa

1989 angeführten Gegenstände überschreiten die 50 %-Grenze und treffen bei mindestens der Hälfte aller Befragten unserer Stichprobe von 1989 zu. Letztlich ist noch auf *Tabelle 5* in Kapitel 6/4 (Seite 34) zu verweisen, aus der sich ergibt, daß sich die Ranglisten tatsächlich auf den gleichen Wohnraum beziehen.

Schon ein globaler Blick auf das hier zum Vergleich Aufgelistete des Gewesenen, des Bestehenden und des Notwendigen läßt erkennen, daß bei den Nennungen zu den Minimalanforderungen für die Einrichtung des als wichtigsten Raum eingestuften Wohnzimmers keine grundlegenden Veränderungen eingetreten sind. Wohl werden Unterschiede, wie z. B. zwischen Teppich und Teppichboden sichtbar, und auch Ausweitungen, wie das Auftreten des Items »Fernsehgerät« zeigt. Stark aber machen sich *Verschiebungen* in der Rangordnung bemerkbar, was, dem Sinne unserer Erhebung entsprechend, also mit Bezug auf die Erkenntnis des Wohnerlebnisses, aussagt, wie Bedeutung und Symbolwert der einzelnen Einrichtungsgegenstände für das Wohlbefinden der Bevölkerung gelegen sind – auch wie gesellschaftliche, ökonomische, funktionale und trendabhängige Aspekte ihren Einfluß ausgeübt haben.

Die deutliche Aufwertung des Fernsehgeräts, das vom unteren Bereich in 1961/62 in den obersten aufgestiegen ist, hängt sicherlich mit ökonomischen Bedingungen zusammen, da 1961 nur Modelle der teueren Klasse im Angebot zur Verfügung standen. Der bis an die zweite Stelle reichende Aufstieg des Geräts in 1989 hängt jedoch auch mit jenem trendbedingten Aspekt zusammen, dem wir schon mehrfach unter den Begriffen »Privatheit« und »Individualisierungsbewegung« entgegengekommen sind, zusätzlich wohl auch mit der zunehmenden Stellung des Fernsehens als Meinungsverbreiter und -bildner inmitten unseres Gesellschaftssystems. Weitaus allgemeiner halten sich im Gegenstandsbereich unter anderem Gardinen, Vorhänge, Bilder, Tapeten mit Bezug auf ihren Stellenwert der Unverzichtbarkeit zur Herstellung eines zufriedenstellenden Wohnerlebnisses, was im Gegensatz zu Möbeln mit ihrer relativen Unabhängigkeit von Trends zusammenhängt.

Wie weit der Einfluß von ökonomischen, sozialen und funktionalen Faktoren reicht, läßt sich an den Veränderungen des Stellenwertes der *Sitzgelegenheiten* im Wohnzimmer erkennen. In der aus den Jahren 1961/62 stammenden Einrichtungsminimumliste nahmen Stühle noch den elften Rang ein; in der Rangliste der 1989 in den Haushalten *real vorhandenen* Gegenstände stehen sie auf dem 14. Rang; und bei der *notwendige* Gegenstände aufweisenden Einrichtungsbedürfnisliste finden sich Stühle überhaupt nicht mehr unter den ersten 16 Positionen. Ohne das in Kapitel 8/3 Ausgeführte zu wiederholen (Seite 60), ist im vorliegenden Zusammenhang der Entwicklung des Wohnzimmers in Richtung Multifunktionalität festzuhalten, daß in einer ökonomisch begrenzten Situation – bezogen auf den Vergleich von 1961/62 zu 1989 oder auf den Vergleich der realen Situation mit der gewünschten zu ein und demselben Zeitpunkt – Stühle als Sitzgelegenheit zur Erfüllung der Funktion des Sitzens ausreichen. Jedoch sobald die ökonomischen Verhältnisse es zulassen, werden – wie die Liste notwendiger, man könnte fast sagen unverzichtbarer Gegenstände zeigt – Sitzgelegenheiten bevorzugt, deren Charakter über die ihnen eigene Funktion hinausgeht, wobei natürlich auch Bequemlichkeit eine Rolle spielt, vordringlich aber deren Symbolhaftigkeit, z. B. ihre Repräsentativität. Wenn das althergebrachte Sofa – als alleinstehendes Möbel und nicht als Teil einer Sitzgarnitur –, das 1961/62 noch den mittleren Platz beim Anschaffungsminimum einnahm (Rang 8), 1989 in der Realisation unter den ersten 16 Positionen gar nicht mehr auftaucht und bei den Einrichtungsbedürfnissen an letzter Stelle (Rang 16) steht, dann deutet dies zum einen auf den Verlust des Symbolwertes dieses einstens als Prunkstück des Wohnzimmers angesehenen Möbels hin, zum anderen auf den Verlust seiner Funktionalität als ein das Wohnzimmer zentral beherrschenden Möbel, wobei noch nicht einmal von dem hohen Pflegebedarf dieses meist mit wertvollem Bezug, kostbarem Holz und Ornamentierungen ausgestatteten Einrichtungsgegenstandes gesprochen werden soll.

Was den *Sessel* als Sitzgelegenheit betrifft, so ist es ihm nicht ganz so schlecht ergangen wie dem Sofa: Stand er noch in der Rangliste von 1961/62 an dritter Stelle, so nimmt er derzeit – wiederum nicht als Teil einer Sitzgarnitur – als notwendiges Möbel den elften bzw. zehnten Rang ein. Entsprechend dem damaligen Einrichtungsstil erfüllte der Sessel als Sitzgelegenheit die funktionale Kombination von Bequemlichkeit und Repräsentativität. Heute hat der Sessel durch die von der Multifunktionalität des Wohnzimmers bedingte Platzverringerung an Nützlichkeit und Symbolwert verloren. Das Sitzmöbelangebot hat sich teilweise darauf eingestellt; man denke nur an den Fernsehsessel.

Das aus dem Zusammenspiel der Gegensätze zwischen Privatheit und Öffentlichkeit, Funktionalität und Repräsentativität, Statusbestimmung, Innovationen, gesamtgesellschaftliche Trends und Multifunktionalitätsbedürfnis hervorgegangene Veränderungsgefälle berührt Einrichtungsgegenstände stets nur in dem Maße, in dem die ihnen zuerkannten symbolwertigen Bedeutungen nicht als allgemeingültig angesehen werden. Ein Beispiel für die Resistenz gegenüber Veränderungen ist die *Gardine*. Wie die Auflistung in *Tabelle 23* (Seite 122) zeigt, hat sich am Stellenwert der Gardine – ob gemessen an ihrer realen Verbreitung oder am Einrichtungsbedürfnis – nichts geändert; sie nimmt beide Male oberste Rangplätze ein (Rang 1 und 2). In der Rangliste von 1961/62 nahm die Gardine erst den vierten Platz ein, was sich dadurch erklärt, daß die Streuung der Liste der Einrichtungsgegenstände im Wohnzimmer damals geringer war als heute, so daß sich nicht eine Aufwertung ergeben, sondern – angesichts der der Multifunktionalität des Wohnzimmers entgegenkommenden Angebotsvielfalt – sich eine Abwertung anderer Gegenstände wie Couch, Schrank, Sessel vollzogen hat.

Die Gardine ist also gegenüber gesellschaftlichen Veränderungen widerstandsfähig geblieben; sie ist, wie es scheint, im deutschen Wohnzimmer in ihrer Wertsetzung und Nutzung mit einer tabuähnlichen Unantastbarkeit belegt. Nun läßt sich leicht sagen, daß derlei Unantastbarkeiten, für die die Gardine nur ein hervorstechendes Beispiel ist, sich unmittelbar aus geltenden Wohnleitbildern und/oder allgemeingültigen Einstellumgen zum Wohnen ergeben. Damit ist aber die Frage nicht beantwortet, warum sich diese tabuähnliche Unantastbarkeit an ganz bestimmte Gegenstände bindet und an andere nicht – eine Frage, der nachzugehen ist, weil sie bei der Erfassung des Wohnerlebnisses, seiner Struktur, seines Inhalts, seiner Beweggründe und seiner Veränderungserscheinungen – alles bezogen auf Einrichtungsbedürfnisse – Einflußbereiche offenlegt.

Führen wir uns noch einmal vor Augen, wie sehr die Gegensätzlichkeit des Anspruchs auf Repräsentativität und Funktionalität, auf Privatheit und Öffentlichkeit – sowohl nach dem Drinnen wie dem Draußen der Wohnung – das Wohnverhalten, z. B. bei der Möbelausstattung des Wohnzimmers, zu Widersprüchen geführt hat, und blicken nochmals auf das Item Gardine. Wird nicht von der Gardine die besondere Anspruchskombination von Repräsentativität *und* Funktionalität gleichsam materialisiert und positiv eingelöst, werden nicht im alltäglichen Umgang mit der Gardine stets beide Ansprüche auf elementarer Ebene erfüllt und wahrnehmbar? In der Tat: Die aus feinem, grobem, kostbarem oder billigem Material hergestellte, gerade, krumm oder gerüscht im Fenster hängende Gardine bietet, von draußen betrachtet, ein genormtes, in sich geordnetes Bild der gesellschaftlichen Anpassung, von drinnen bietet sie Verborgenheit vor dem Blick von draußen, ohne den Blick von drinnen nach draußen unverhältnismäßig einzuschränken – Privatheit ist garantiert, Öffentlichkeit indes nicht ausgeschlossen, Funktionalität im Sinne von Abdeckung und Dekoration erzielt und Repräsentativität im Sinne von Entsprechung der gesellschaftlichen Norm gewährleistet.

Neben der aktuellen Materialisierung zweier als wesentlich erkannter Wohnansprüche zur Herstellung eines gültigen Wohnerlebnisses ist entscheidend, daß die Ausgleichsleistung der Ansprüche durch die Gardine nicht an irgendeinem beliebigen Ort in der Wohnung stattfindet, sondern genau dort, wo die Grenze zwischen Privatsphäre und Öffentlichkeit am deutlichsten gezogen ist: beim Fenster. Der Ort der Anbringung der Gardine potenziert sozusagen sowohl ihre Ausgleichsleistung als auch ihre Symbolhaftigkeit, so daß sie sich als ein Einrichtungselement erkennen läßt, das Repräsentativität und Funktionalität sowie Privatheit und Öffentlichkeit sowohl in genormter wie individueller Weise miteinander verbindet.

Wir bestehen auf diesen Wiederholungen, weil aufzuzeigen ist, daß die

Gardine wie kein anderer Gegenstand in der Wohnung einen grundlegenden Pfeiler des Wohnerlebnisses insgesamt verdeutlicht: den tabuähnlichen Unantastbarkeitscharakter, der zu einem Teil von gesetzten Normen abhängig ist, zu einem anderen durch Individualität bestimmt wird. Denn daß die Gardinenausstattung nicht nur von Normen bestimmt wird, sondern mehr oder weniger auch individuelle Gestaltung zuläßt und fordert, braucht nicht sonderlich unterstrichen zu werden. Umfaßt doch dieser Bereich sowohl Fragen des Abstands zwischen Gardinensaum und Fensterbank als auch Fragen des Faltenwurfs und ähnliches mehr.

Das »Muß« der Gardine als unantastbarer Symbolwert läßt sich überdies noch daran erkennen, daß bei ihr weiße Stoffe bei weitem farbige oder gemusterte überwiegen. Ferner, daß sie auch an Fenstern auf hohen Stockwerken angebracht wird, in die kein Mensch hineinblicken kann, noch den Bewohnern Kontakte zur Öffentlichkeit gegeben sind. Dieses »Muß« hat offensichtlich dazu geführt, daß die Werbung für die Gardine im Vergleich zu anderen Einrichtungsgegenständen weitaus geringer ist, obwohl der Einrichtungsmarkt auch für den stark normierten Bereich der Gardinenausstattung Individualitäten anzubieten hat.

Nach den Ausführungen über Gründe und Ursachen von Resistenz gegenüber Veränderungen, dargestellt am Beispiel der Gardine (als Beispiel hätte sich u. a. auch die Tapete angeboten), kehren wir noch einmal zu einem sich im Wohnzimmer abspielenden Veränderungsablauf bei Wohnen und Wohnerlebnis zurück. Es ist keine neue Erkenntnis, daß das heutige Wohnzimmer nicht mehr dem spezifischen Inhalt der Bezeichnungen »Salon« oder »gute Stube« entspricht; daß es diese »geweihten« Orte, wenn überhaupt, nur noch in vielräumigen Villen der Oberschicht gibt, die »gute Stube« zur Not noch in einstöckigen, ausgedehnten, blankpolierten Bauernhäusern. Auch ist nicht neu, daß mit dem Vergehen dieser exquisiten, meist nur selten genutzten Räume eine Verlagerung ihrer Funktionen in das Wohnzimmer stattgefunden hat und so in die Gesamtkonstellation »Wohnen« mitsamt Nutzung, Einrichtung, Bewertung, Stil und ästhetischer Gestaltung eingegangen ist. Neu jedoch ist, daß in das sich im Wohnzimmer abspielende »Wohnen« nunmehr in vielen Haushalten die Gesamtkonstellation »Essen« eingetreten ist, daß sich das sogenannte *Wohn-Eßzimmer* etabliert hat und mehr und mehr Anklang zu finden scheint.

Bei der in unserer Befragung gestellten Frage nach den Tätigkeiten in der Wohnung und in welchem Raum[74] war als Tätigkeit selbstverständlich auch »Essen« angeführt. Eine beträchtliche Anzahl der Befragten gab an, diese Tätigkeit (von Frühstücken über Mittagessen bis Abendessen) im Wohnzimmer auszuführen. Um herauszufinden, auf welche der Befragtengruppen die

74 Siehe Fragebogen im Anhang, Frage 14.

Benennung und Nutzung dieses Raumes am meisten zutrifft, wurden die Angaben über Tätigkeit und Raum mit denjenigen über Haushaltsgröße, Haushaltsnettoeinkommen und Bildungsniveau in Verbindung gebracht, mit dem Ergebnis, daß Nutzung und Benennung des Wohnzimmers auch als Eßzimmer bei der Befragtengruppe mit mittlerem bis hohem Haushaltsnettoeinkommen, mit mittlerem Bildungsniveau und bei Familien mit ein bis zwei Kindern deutlich am größten ist, schichtspezifisch ließe sich also sagen: beim Mittelstand.

Die Gründe für diese Entwicklung liegen auf der Hand. Da ist zum einen die Anzahl der zur Verfügung stehenden Räume zu nennen; weiterhin die Bausubstanz, d. h. unter anderem der Schnitt der Wohnung, der den Transport der Eßwaren aus der Küche erschwert, was einstens mittels einer »Durchreiche« erleichtert wurde; zusätzlich auch der Mangel an Dienstpersonal, soweit deren Kosten überhaupt erschwinglich sind; und vor allem wenn Kinder im Haushalt sind, eine Überforderung der Frau in ihren multiplen Aufgaben, für deren Verringerung praktikable Effizienz ausschlaggebend ist.

Für den Familiensoziologen, der das gemeinsame Einnehmen von Mahlzeiten als die einzige wirklich gemeinsame Aktivität der ganzen Familie ansieht und sie zu einem Symbol der Kollektivität des Haushalts erhebt, ist die Verlagerung des Eßortes, die Trennung und Zusammenfassung von Funktionen des Alltagslebens und der Repräsentation in einem Raum von keinerlei signifikanter Bedeutung für den Stellenwert der sich an die Haushaltsgemeinschaft klammernden Symboldeutung, zumal wenn er, theoriegebunden und praxisfern denkend, z. B. nicht wahrzunehmen gewillt ist, daß der früh zur Arbeit gehende Vater allein frühstückt, die Kinder zu unregelmäßigen Uhrzeiten aus dem Kindergarten oder der Schule kommen und ähnliches mehr.

Hält man den Theoretikern und den sich ihnen anschließenden Planern vor, daß die Aufstellung eines Eßtisches mitsamt den dazugehörigen Stühlen in dem als Wohnzimmer designierten Raum einen Zerfall dieses Raumes in zwei voneinander unterschiedene Zonen bedeutet, dann kommen sie uns in beliebiger Weise mit Wahrnehmungs- und Erinnerungsargumenten, die entweder lauten: Die Wahrnehmung der Eßzone im Wohnzimmer spiegelt als vergegenständlichtes Einrichtungsbild das Wohnen, die Wohnkonflikte und die Lösungsversuche der Bewohner wider, oder: Der Eßtisch im Wohnzimmer mit der auf die Anzahl der Familienmitglieder zutreffenden Anzahl von Sitzgelegenheiten erinnert nicht nur jedes Haushaltsmitglied, sondern auch jeden Besucher an die aufeinander bezogene Wohnform einer Familie.

Was bei diesen in billigenden oder in verwerfenden Tönen vorgetragenen Argumenten übersehen wird, ist, daß mit der – gleich aus welchen Gründen – vorgenommenen Übernahme einer Eßfläche in die Wohnraumfläche (meist in einer Ecke) die Multifunktionalität des Wohnzimmers bis dahin überzogen wird, wo das Wohnerlebnis, in seiner Einzigartigkeit aufgeteilt, einem Zwiespalt preisgegeben wird. Eine völlige Identifizierung selbst mit der Einrichtungsgestaltung ist nicht länger gegeben: Das Wohnerlebnis schwankt zwischen den Symbolwerten der der Eßecke gegenüberstehenden Couch- oder Fernsehecke hin und her. Von einem »Selbstentwurf des Ich«, einer »spielerischen Selbstfindungsästhetik«[75] oder einer »Verinnerlichung des jeweils größeren Lebenszusammenhangs«[76] zu sprechen, können sich nur psychologisch angehauchte Träumer von einer besseren Wohnwelt erlauben.

2. Das Schlafzimmer

In der von uns 1961/62 durchgeführten Wohnuntersuchung wurde das Schlafzimmer außer acht gelassen. Das Wohnerlebnis im Wohnzimmer stand im Mittelpunkt der Erhebung. Auch dieses Mal, bei der Wiederholung der Untersuchung, die einem möglichen Wandel des Wohnerlebnisses und dem damit verbundenen Wohn- und Einrichtungsverhalten nachgeht, steht das Wohnzimmer als nachgewiesener »wichtigster Raum« in der Wohnung (siehe Kapitel 6/3, Seite 33) im Zentrum der Analyse. Indes konnte es bei der Erkenntnis eines eventuellen Wandels nicht damit getan sein, diesen nur wie eine Ist-Situation festzustellen – es waren auch die Beeinflussungsmomente herauszuarbeiten, die diejenigen Veränderungsbewegungen hervorgerufen haben, die zu dem eventuellen Wandel geführt haben. An diese der wissenschaftlichen Konzeption der Untersuchung entsprechende Vorgehensweise haben wir uns durchweg gehalten. Nun wäre es aber geradezu absurd und widerspräche der soziologischen Erfahrung, bei der Analyse von aus gesellschaftlichen Fluktuationen hervorgegangenen Veränderungen beim Wohnen, beim Wohn- und Einrichtungsverhalten, kurzum beim Wohnerlebnis, bei einer Einheit wie der Wohnung hinter der Wohnzimmertüre haltzumachen.
Abgesehen von Befragten, die nur ein bis drei Räume (inklusive Bad und Küche) zur Verfügung haben, und solchen, bei denen unter gegebenen Umständen eine personenbezogene Raumaufteilung möglich ist, z. B. bei Haushalten von Eltern mit erwachsenen Kindern, wo jeder sein »eigenes Zimmer« hat, spielt das Schlafzimmer nach den Ergebnissen aus der Fragestellung nach dem Raum »höchster Nutzung« so gut wie keine Rolle (siehe Kapitel 6/1, Seite 32). Nur geringe Fallzahlen umfassende Teilmengen der Befragten bringen das Schlafzimmer gerade noch auf 6 % aller Nennungen des Raumes mit der höchsten Nutzung. Bei der Mehrzahl der Befragten wird das Schlafzimmer nahezu ausschließlich zum Schlafen genutzt, was seiner Designation als ein

75 *Gert Selle,* in: Hochschule für Gestaltung, Offenbach a. M. 1982, S. 42, 43.
76 *Peter Rech,* Zwischen Höhle und Gasthaus. Zur Psychoanalyse des Wohnens, in: Kunst und Therapie, Heft 12, 1987, S. 51.

Zimmer zum Schlafen, und zwar wie allgemein üblich während der Nacht, entspricht.
Fragte man jedoch die Mehrzahl der Menschen, die nicht wie beispielsweise Nachttaxifahrer und andere Nachtschichtarbeitende tagsüber ihrem Schlafbedürfnis nachgehen, für welche Tätigkeiten sie *tagsüber* das Schlafzimmer nutzen, dann ergab sich das folgende Bild: Bei 17 % der Befragten war es das Lesen von Büchern; bei 16 % das Nichtstun, Faulenzen, Ausspannen; bei 5 % Gymnastik, Yoga oder ähnliches; kurzum alles Tätigkeiten, die in den Bereich der Entspannung und Ruhe fallen. Es deutet sich hier eine Funktionserweiterung des Schlafzimmers an, die von der alleinigen Funktion des Schlafens zu einer Mehrfunktionalität führen könnte – der Schaffung eines »Ruhe- und Entspannungsbereiches«, in den ein Teil der dem Wohnzimmer vorbehaltenen Erholungsfunktionen verlegt werden. In den USA hat diese Entwicklung vom einfunktionalen Schlafzimmer zum multifunktionalen Schlaf-Wohnzimmer sichtbare Fortschritte gemacht. Vor allem das Elternschlafzimmer kinderreicher Familien wird, soweit genügend Platz vorhanden ist, mit Wohnmöbeln wie Sessel, Beitische, Fernseher, Schallplattenspieler, Bücherwand, Ertüchtigungsapparate etc. ausgestattet – und steht nicht länger nur der Nutzung durch die Eltern zur Verfügung.
Eine derartig gestaltete Entwicklung zur Multifunktionalität des Schlafzimmers erscheint uns in Deutschland aus zwei Gründen als unwahrscheinlich, wenn nicht gar unmöglich. Ergibt sich doch die Fixierung auf die nur eine Funktion des Schlafens aus der Abhängigkeit von den Normierungen der die Wohnformen bestimmenden Baustubstanz einerseits und dem Möbelangebot der Einrichtungshersteller andererseits. Die architektonisch vorgesehene und dementsprechend geplante Einfunktion bringt Raumbemessungen hervor, die mit der aus Doppelbett, Nachttisch, Schrank und eventuell Frisiertisch mit Sitzgelegenheit bestehenden Standardmöbelausstattung voll und ganz ausgefüllt sind. Daran halten sich sowohl Einrichtungsverhalten als auch Angebot und Werbung der Möbelhersteller.
Wie unsere Erhebung hat aufzeigen können, sind Schlafzimmermöbel im Vergleich zu Wohnzimmer- und auch Küchenmöbeln sowohl beim Kaufverhalten als auch bei der Möbelwerbung weit weniger wichtig. Eine Schlafzimmereinrichtung wird seltener gekauft und dann für dauerhaften Gebrauch, so daß sich auch nur geringere Werbeinvestitionen lohnen. Auch wenn sich bei unserer Analyse der Werbeangebote vereinzelt Versuche von Herstellern erkennen ließen, im Werbeappell von der Einfunktionalität und der stereotypen Gestaltung des Schlafzimmers abzurücken und flexiblere Einrichtungs- und Verhaltensweisen zu propagieren, scheint eine Resistenz gegenüber derlei Veränderungen vorzuherrschen.
Als weiterer Grund für die Erstarrung des Schlafzimmers in seiner Einfunktionalität und Standardisierung rührt von dessen Wertsetzung als Raum höchster

Intimität her, die vom An- und Auskleiden bis zur Sexualbetätigung reicht. Absolute Privatheit, verbunden mit den Tabus einer bürgerlichen Gesellschaft, belegen diesen Raum und machen ihn sozusagen zu einem Raum der Unantastbarkeit. Daher rührt übrigens auch die nahezu vollkommene Ausblendung der Repräsentationsfunktion des Schlafzimmers und die Ablehnung von dekorativem Schnickschnack, wie er beispielsweise das französische Schlafzimmer zur Herstellung der Intimatmosphäre schmückt. Das deutsche Schlafzimmer ist und bleibt unverändert ein einfunktionaler, standardisierter und steriler Raum.

3. Die Küche

Ausgehend von der planerischen Bestimmung der Küche als einem Arbeitsraum, der vor allem oder gar ausschließlich der Zubereitung von Mahlzeiten dienen soll, also mit Einfunktionalität belegt ist, wird ihr von den Planern im allgemeinen nur eine dementsprechend notwendige Raumgröße zuerteilt. Wie beim einfunktionalen Schlafzimmer stehen Bedürfnisse und Bausubstanz in einem ausgeglichenen Verhältnis.
Dieses Verhältnis wird sogleich gestört, ja führt geradezu zu Konfliktsituationen, wenn die Küche über ihre Einfunktionalität hinauswächst, wenn, wie unsere Erhebung gezeigt hat (siehe Kapitel 7/1, *Tabelle 8,* Seite 47/48), in der Küche immer mehr Tätigkeiten stattfinden, die ansonsten dem Wohnzimmer vorbehalten waren: die Küche sich als der Raum der Wohnung mit der zweitgrößten Multifunktionalität zeigt und somit das Wohnerlebnis aufgeteilt, teilweise gänzlich verlagert worden ist. Wie aus unserer Erhebung zu entnehmen ist, werden nur für das Wohnzimmer bestimmte Tätigkeiten von den Befragten zu erheblichen Teilen auch in der Küche vollzogen. Das reicht von der Einnahme der Mahlzeiten über den Arbeits- und Freizeitbereich bis hin zu speziellen Tätigkeiten wie die Betreuung der Kinder bei den Hausaufgaben. Dieser Multifunktionalität entsprechend, stellt die Küche bei etwa einem Drittel aller Befragten den Raum der Wohnung dar, der tagsüber am meisten genutzt wird oder zumindest gleichviel genutzt wird wie der Wohn-Eßbereich (siehe Kapitel 6/1, Seite 32).
Es versteht sich, daß die Entwicklung der Küche zu einem Ort der Multifunktionalität so weit das gemeinschaftlich vollzogene Handeln in der Wohnung beeinflußt hat, daß ihm zur Gestaltung eines gültigen Wohnerlebnisses die Einrichtungsgestaltung hat folgen müssen. Durch die funktionale Nutzungsintensität der Küche sind zusätzliche, teilweise recht umfassende Einrichtungsbedürfnisse entstanden, die sich in einer hohen Investitionsbereitschaft und einem steigenden Konsum an technischen Haushaltsgeräten und Umbaumodalitäten niedergeschlagen haben. Ein durch den Aspekt der Multifunktiona-

lität in Verbindung mit den ökonomischen Verhältnissen *rational* ausgerichtetes Wohn- und Einrichtungsverhalten hat sich durchgesetzt. Dem haben sich auch die Werbestrategen angeschlossen, indem sie der Küche ein in etwa auf die tatsächlichen Bedürfnisse zugeschnittenes Ausmaß einräumen, womit sie der Angebotsvielfalt der vielen auf Kücheneinrichtungen spezialisierten, auf der derzeitigen »Küchenwelle« reitenden Herstellerfirmen Folge leisten.
Im Zusammenhang mit der Veränderungsbewegung in der Küche ist auch ein Blick auf das Problem der Repräsentativität interessant, das von uns als eines der Elemente des Wohnerlebnisses stets angesprochen wurde. Der »Stolz der Hausfrau«, das Vorzeigeobjekt, war im allgemeinen stets die Einrichtung des Raumes zum Wohnen und nicht des Raumes zur Zubereitung der Mahlzeiten gewesen. Dort und nicht hier in der Küche wurde dem Repräsentationsbedürfnis nachgekommen. Wenn aber Besuch zum Essen empfangen wird und aus Raum-, Praktikabilitäts- oder Bequemlichkeitsgründen das Essen in einer hierfür eingerichteten (Wohn-)Küche eingenommen wird, um sich danach im repräsentativen Wohnzimmer niederzulassen, dann darf kein allzu großes Repräsentationsgefälle zwischen den beiden Räumen entstehen. Das aber kann nur durch eine Investitionsbereitschaft für beispielsweise die als solche angespriesene »repräsentative Einbauküche« vermieden werden, deren Repräsentativität sich in erster Linie auf die Qualität und das Design der Möbel bezieht, nicht auf die Kochgeräteausstattung. Grund genug, warum bei der Auswahl der elektronischen Geräte zur Mahlzeitenzubereitung geringere Sorgfalt waltet als z. B. bei der Auswahl der elektronischen Mediengeräte.
Wie immer sich auch die von propagierten Wertsetzungen aus kommerziellen Gründen heftig unterstützte Verlagerung mannigfacher Tätigkeiten vom Wohnzimmer in die Küche weiter entwickeln wird – zu einer Anhebung der Wohn- und Eßkultur wird sie gewiß nicht führen.

4. Sonstige Räume

Wenn wir uns an die Standardwohnung halten, in der nach unserer Erhebung ein Großteil der westdeutschen Gesellschaft lebt, finden wir neben den dargestellten noch die folgenden mit unterschiedlichen Funktionszuweisungen bedachten Räume: Badezimmer, Flur/Diele, Kinderzimmer und/oder einen als »Spezialraum« zu bezeichnenden Raum. Während Badezimmer und der Flur/Dielen-Bereich nach den Angaben der Befragten einen im Verhältnis zu anderen Räumen geringeren Nutzungsgrad aufweisen, lassen Kinderzimmer und Spezialraum einen höheren erkennen.
In der Fachliteratur, den Wohnzeitschriften und in der Werbung wird bereits

seit längerer Zeit eine Funktionserweiterung für Flur/Diele und Badezimmer propagiert. Die Vorschläge reichen von der Umgestaltung des Flur/Dielenbereichs in einen Eß-, Freizeit- oder gar Wohnbereich und einer Erweiterung des Badezimmers zu einem sogenannten »Wohnbad«. Die anhand unserer Erhebung gemachte Probe aufs Exempel zeigt jedoch, daß diese und ähnliche Vorschläge bei den Bewohnern von Standardwohnungen so gut wie keinen Anklang finden: sie stehen im Widerspruch zu der durch die Normierung der Bausubstanz Grenzen gesetzten Realität des Wohnens.
Bei dem Raum, der als »Spezialraum« in die Untersuchung aufgenommen wurde, handelt es sich je nach individuellem oder kollektivem Bedürfnis eines Mehr-Personen-Haushalts um funktional unterschiedlich designierte Zimmer: den als »Büro« für Schreibtischarbeiten eingerichteten Arbeitsraum; den zur Erledigung spezieller Hausarbeiten der Hausfrau vorbehaltenen Raum; den Hobby- bzw. Freizeitraum, hergerichtet als Gymnastikraum, Musikzimmer, Fotolabor oder Fernsehzimmer; und nicht zuletzt den keiner speziellen Funktion dienenden, sondern ausschließlich einer bestimmten Person zugedachten Individualraum, der allerdings trotz seiner Personenorientierung eine funktionale Bezeichnung durch die Mitglieder des Haushalts erhalten kann. Die Einrichtung dieser Spezialräume kommt offensichtlich der Befriedigung des anwachsenden Bedürfnisses nach Individualräumen und/oder funktionsseparierten Räumen nach, Bedürfnisse, die sich, wie wir feststellen konnten, in erster Linie in Mehr-Personen-Haushalten artikulieren.
Mit Blick auf das Zustandekommen und die Gestaltung des uns interessierenden Wohnerlebnisses analysiert, zeigt sich hier ein Abbruch der oft verkündeten und – ob als Entschuldigung für Versäumnisse oder Wunschvorstellung für Verbesserungen – immer wieder heraufbeschworenen *Haushaltsgemeinschaftideologie* mit ihrem Anspruch auf gemeinsam geteilte Nutzung, gemeinsame Symbolwerte sowie gemeinsame Wohnerlebnisgestaltung. Jedoch das reale Wohnverhalten hat sich als rationaler geführt erwiesen, als ideologische Konzepte es wahrhaben möchten.
Betrachten wir als letztes noch das *Kinderzimmer,* diesen Ort des Familienlebens, an dem sich für seine Bewohner (Kinder und Jugendliche) gemäß physiologischer und psychologischer Entwicklungsvorgaben individueller Intimbereich und kollektive Geborgenheit miteinander verbinden sollen. Es gehört nicht zu unserer Aufgabe, den Bereich des kindlichen und jugendlichen Wohnens mit seinen Voraussetzungen für und seinen Auswirkungen auf den Sozialisationsprozeß aufzurollen. Wir halten uns an unsere Forschungsschwerpunkte, worunter ein im vorliegenden Zusammenhang relevanter Aspekt, nämlich der der Wohnungs- und Einrichtungsbedingungen und -bedürfnisse fällt.
Der Hinweis, daß das Kinderzimmer nicht selten »zusätzlich noch von der ganzen Familie genutzt wird, indem dort der Eßtisch steht oder es als Nähraum

dient«[77], wurde durch unsere Ergebnisse zum Wohnverhalten (Kapitel 7/1, *Tabelle 8,* Seite 47/48) nicht nur bestätigt, sondern ließ erkennen, daß die »Fremdnutzung« des Kinderzimmers bei den Befragten ein weitaus größeres Ausmaß annahm, als es das soeben angeführte Zitat vermuten ließ. Der als Kinderzimmer bestimmte Raum scheint nicht nur in Ausnahmesituationen, sondern schlechthin wie ein »Ausweichraum« für Tätigkeiten unterschiedlichster Art genutzt zu werden. Zusätzlich zu dieser »Ausweich«-Nutzung für mannigfache Tätigkeiten zeigte sich eine weitere Nutzung, die mit dem kindlichen oder jugendlichen Lebensbereich ebenfalls nichts gemein hat, nämlich der Gebrauch dieses Zimmers als Stauraum für Kleidung, Wäsche, kleine und große Haushaltsutensilien.
Diese Arten der Fremdnutzung werden landläufig dem Raummangel zugeschrieben, öfter auch einem durch Überfluß an Besitz hervorgerufenen Platzmangel. Beides mag stimmen. Mit Bezug auf die Elemente des Wohnerlebnisses kommt jedoch hinzu, daß das Kinderzimmer aus der Sicht der Erwachsenen keinerlei Repräsentationsfunktionen erfüllt. Nicht aus funktionalen, sondern aus rein repräsentationsbedingten Gründen finden sich Stauraum gewährende Einbauschränke nicht im Wohnzimmer, noch werden sie von der Einrichtungsindustrie für diesen Raum angeboten. Die Forderung nach einer sensiblen Balance zwischen Privatheit und Repräsentation – immer wieder im Laufe unserer soziologischen Erfassung des Wohnerlebnisses betont – ist beim Kinderzimmer in seiner derzeitigen Nutzungslage verlorengegangen.
Kinder und Jugendliche sind nun mal beim Wohnerlebnis letztlich stets von den ihnen durch die Erwachsenen zugestandenen und nur durch freiwilligen Verzicht eingeräumten Möglichkeiten abhängig. Je mehr Verzichtsleistungen den Erwachsenen allein schon aufgrund äußerer Bedingungen wie Wohnungsgröße, Wohnumfeld, Einrichtung, Kosten etc. auferlegt sind, je eingeschränkter werden bei Kindern und Jugendlichen Wohnform und das sich innerhalb des Sozialisationsprozesses entwickelnde Wohnerlebnis.

77 *Ingrid Herlyn und Ulfert Herlyn,* Wohnverhältnisse in der Bundesrepublik, 2. Aufl., Frankfurt a. M., New York 1983.

Kapitel 12

Konklusion

Wie jeder sozio-kulturelle Prozeß unterliegt auch das Wohnerlebnis dem sozialen, weitergehend auch dem kulturellen Wandel. Dabei bezieht sich der soziale Wandel vornehmlich auf aktuelles menschliches Verhalten, der kulturelle Wandel auf von Menschen hervorgebrachte kulturell bedeutungsvolle Symbole. Beidemal werden durch den Menschen als dem sozial und kulturell Agierenden Veränderungen hervorgebracht, jene, die wir in dieser Studie vorgelegt, analysiert und im vorhergehenden Kapitel interpretiert haben.

Abschließend geht es jetzt darum, einen Gesamtüberblick zu gewinnen, bei dem unter Vermeidung von Wiederholungen Bezug genommen wird auf wesentliche Elemente, die, vom sozialen und kulturellen Wandel beeinflußt, bzw. ihm unterliegend, zu Neuakzentuierungen und Neuerungen des derzeitigen Wohnerlebnisses geführt haben. Ohne Ranglistengewichtung sind anzuführen:

1. Eine Verstärkung der Abhängigkeit des Wohnerlebnisses von den ökonomischen Bedingungen des Marktes, u. a. ersichtlich:
   a) an einem Einrichtungsverhalten, bei dem der einmalige Konsumprozeß zu einem permanenten geworden ist;
   b) an der Beschleunigung der Intervallspanne zwischen aufeinanderfolgenden Modetrendsetzungen.
2. Zunahme der allerdings meist an der Bausubstanz scheiternden Versuche:
   a) die funktional orientierte Raumaufteilung zugunsten einer personal orientierten zu durchbrechen;
   b) alternative Wohnformen zu entwickeln (»Traum vom flexiblen Haus«).
3. Aufgrund des zugenommenen Wohlstands in Westdeutschland die Entwicklung einer schichtenspezifischen Orientierung »nach oben«, ablesbar an dem Ansteigen des Anschaffungsverhaltens zur Befriedigung eines gültigeren Wohnerlebnisses.
4. Bedingt durch Wohlstandsverbesserung, verbunden mit anhaltender Wohnungsknappheit, ein gewachsenes Streben nach Wohneigentum mit der Folge besserer Wohnbedingungen für Eigentümer und schlechterer für Mieter.

5. Verstärkte Bestimmung bzw. Beherrschung von Wohnen und Wohnerlebnis durch Funktionalität, in aller Deutlichkeit ersichtbar bei:
   a) den Raumaufteilungsprinzipien;
   b) der Formulierung von allgemeinen Wohnbedürfnissen;
   c) den Möbelstilpräferenzen;
   d) dem Traditionsschwund;
   e) dem Absinken der Repräsentationsfunktion des Wohnzimmers;
   f) den normativen Regelungen des Wohnverhaltens.

Insgesamt ergibt sich ein Bild, welches wir durchgehend als eine »Individualisierungsbewegung« angesprochen haben, womit nicht etwa Ausrufe zur Belebung der Möbelkonjektur – wie »Individualismus ist angesagt« oder »Individualität, nicht Standardisierung ist gefragt« – gemeint sind. Gesprochen wird hier von einem am Wohnverhalten ablesbaren Trend, der Veränderungen bei den Grenzen zwischen der Privatsphäre »Wohnung« und dem gesellschaftlichen Umfeld »Öffentlichkeit« hervorgerufen hat und das Wohnerlebnis in allen Hinsichten heutzutage mitbestimmt: *Rückzug in die Privatheit.*

Um hier Einblick zu gewinnen, gehen wir von einigen Ziffern aus, die mit den von uns erhobenen gleichgestimmt sind. Danach zeigt sich die gegenwärtige westdeutsche Gesellschaft in den als notwendig bzw. unverzichtbaren *materiellen* Ansprüchen weitgehend gesättigt: Von 100 Haushalten in Westdeutschland besitzen nicht weniger als 94 Haushalte Fernsehgeräte und Kühlschränke, 92 Haushalte Staubsauger, 91 Waschmaschinen, 87 Elektroherde (alles Dienstleistungsmaterialien); gar nicht zu erwähnen, daß die Westdeutschen mit Abstand an der Spitze derjenigen liegen, die das meiste Reisegeld ins Ausland tragen.

Und dennoch zeigt nach einer Repräsentativumfrage der EG-Kommission die westdeutsche Bevölkerung keinen hohen Grad an *Zufriedenheit.*[78] Im Gegenteil: Westdeutschland liegt mit nur 40 % der zufriedenen Gesamtbevölkerung eindeutig unter dem Durchschnitt der Zufriedenheit in anderen europäischen Ländern. Im einzelnen – um nur einige Items anzuführen – zeigen regelmäßig seit 1964 durchgeführte Erhebungen:

– daß die Beteiligung am sozialen Leben in öffentlichen Institutionen wie Kirchen, Vereinen, Parteien und Gewerkschaften stagniert und dahinschwindet;
– daß das Interesse an Arbeit und Beruf mäßig ist;
– daß Westdeutschland zu den Ländern mit der höchsten Selbstmordziffer zählt;
– daß der Selbstmord in Westdeutschland durch Alkoholkonsum stetig ansteigt;

78 Zur Frage der Messung und Bewertung von Zufriedenheitsindikatoren, siehe *F. M. Andrews und S. B. Withey,* Social Indicators of Well-Being: The Development and Measurement of Perceptual Indicators, New York 1976.

– daß jede zweite Frau und jeder sechste Mann, also annährend sieben von zehn Bürgern, Angst haben, nachts allein auf die Straße zu gehen;
– daß jeder fünfte Bürger sich nicht einmal mehr in seinen eigenen vier Wänden sicher fühlt;
– daß ohne Einbezug hoher Dunkelziffern in Westdeutschland in jeder Minute fünf Strafdelikte begangen werden, und so weiter und so fort.[79]

Wir führen diese Einzelheiten weder an, um Gesellschaftskritik zu üben noch um Schrecken zu erwecken. Sie sind uns nicht mehr, aber auch nicht weniger als Indizien für eine Entwicklung im sozialen Verhaltenssystem, das sich immer stärker von »Öffentlichkeit« abwendet und Zuflucht in »Privatheit« sucht, einer Privatheit, die in zunehmendem Maße das Wohnerlebnis zu einem »inneren Raum« werden läßt, der nach deutlicher Individualisierung verlangt. Dieser »innere Raum« (nicht etwa ein »inneres Exil«) wird durch gesamtgesellschaftliche Trendbewegungen aktiv genährt, gestützt und aufgewertet, die von »Marketing-Orientierung«[80] über »Außengeleitetheit«[81] und »Identitätsverbreitung«[82] bis zu »Diskontinuität«[83] und dem Schlagwort von der »gestattenden Gesellschaft« reichen. Sie verdeutlichen sich auch in auf das Wohnerlebnis einwirkenden *sozialen Verhaltensmustern* in der Bevölkerung, als da sind:

1. Ansteigende Unpersönlichkeit der zwischenmenschlichen Beziehungen, hervorgerufen durch den graduellen Übergang von der Gemeinschaft zur Gesellschaft;
2. Nüchterne Objektivität als wissenschaftliches Ideal;
3. Effektive Indifferenz und Absonderung, besonders in den großen Städten und Ballungsgebieten;
4. Fragmentierung des täglichen Verhaltens, hervorgerufen durch die Zugehörigkeit zu unterschiedlichen Gruppen (Rollensegmentierung), wodurch Verhalten aus dem Zusammenhang gerissen und zerstückelt wird;
5. Pseudorealismus als Rechtfertigung oder als Verstellung von Wunschvorstellungen;
6. Schwund des Empfindens einer Verbindlichkeit gegenüber dem sozialen, politischen und kulturellen Geschehen, hervorgerufen durch vermeintlich unbekämpfbare Kräfte wie Abhängigkeit, Entfremdung und Manipulation.

Dieses soziale Reserveverhalten gegenüber einer Gesellschaft, die als eine Konfliktgesellschaft in Erscheinung tritt, hat nicht nur zu einer stärkeren

79 Vgl. *Gottfried Eisermann*, Die deutsche Sozialstruktur unter dem Einfluß des sozialen Wandels, in: *ders.* (Hrsg.), Die Krise der Soziologie, Stuttgart 1976.
80 *Erich Fromm*, Man for Himself, New York 1947.
81 *David Riesmann et al.*, Die einsame Masse, Hamburg 1958.
82 *Erik H. Erikson*, The Problem of Ego Identity, in: Journal of the American Psychoanalytic Association, 1956, S. 76 ff.
83 *Peter F. Drucker*, The Age of Discontinuity, London 1969.

Abgrenzung zwischen Privatheit und Öffentlichkeit – also nach draußen hingeführt, sondern überdies auch nach drinnen – also in die Wohnung bzw. das Wohnen. Die von uns aufgezeigten Raumbeurteilungen und -nutzungen machten es deutlich, daß heutzutage mehr Nachdruck auf individuelle Privatheit gelegt wird, daß vor allem eine stärkere Tendenz der Mitglieder der Familie vorherrscht, dem eigenen Trachten nachzugehen, indem z. B. Wohn-Küchen, Wohn-Schlafzimmer, Wohn-Eßzimmer und Wohn-Kinderzimmer bzw. Jugendzimmer mehr und mehr Anklang finden. Insbesondere die Mittelschicht der Bevölkerung legt mehr Wert auf Wohnungen, die dem Drang nach Individualisierung, d. h. nach mehr Spielraum für Privatheit und Selbstausdruck eines jeden Haushaltsmitgliedes, gewährleisten.
Doch noch ein weiteres nicht zu übersehendes Element fördert und verstärkt die Abgrenzungsbewegung gegenüber dem Draußen, also der Öffentlichkeit, und das ist zweifelsohne das *Fernsehen* inklusive der daran anschließbaren Geräte. Das Fernsehen ist insofern zu einem Bequemlichkeitsutensil geworden, als es das öffentliche Geschehen mehr oder minder wohl verpackt ins Haus bringt. Nicht umsonst ist das Fernsehgerät zum Mittelpunkt des Wohnzimmers geworden, und nicht umsonst mühen sich die Einrichtungshersteller, den Wohnraumkomplex so »fernsehnutzungsgerecht« zu gestalten, daß sie darüber andere Essentialitäten zur Herstellung des Wohnerlebnisses glatt übergehen.
Das Fernsehen, von dem gesagt wird, es habe eine öffentliche Aufgabe zu erfüllen, ist zu einer sozio-kulurellen Institution geworden, zu einer Einrichtung zur Befriedigung des Verlangens nach Erfüllung gewisser langfristiger Gruppenbedürfnisse, das heißt zu einer *Dienstleistung*, und entspricht damit – mit einem Blick vom sozialen Verhaltenssystem auf das Gesamtsystem unserer Gesellschaft – der Entwicklung von der viel bescholtenen Konsumgesellschaft hin zur Dienstleistungsgesellschaft, was heißt: von einem produktorientierten zu einem verbraucherorientierten Markt. Daß dieser die individuellen Veränderungen im sozialen Verhalten bei und gegenüber Wohnen und Wohnerlebnis überlagernde und umfassende Wandel von einem Gesellschaftstyp zum anderen wahrgenommen wird – wenn auch nicht vom einzelnen als ein griffig faßbares Phänomen –, zeigt sich bei *Einzelheiten* in der betonten Zuwendung zu neuen technischen Möglichkeiten (vom Mikrowellengerät über den programmierten Telefonapparat bis zum Heimcomputer), beim *Gesamt* in der Bestimmung der Wohnungseinrichtung vordringlich nach *Funktionalität.*
Privatisierungstrend und Dienstleistungstrend als ein Ganzes, als eine Einheit gesehen, haben zu jener *Individualisierungsbewegung* geführt, die den von uns aufgezeigten Veränderungen in der Struktur des Wohnzimmers, dem Wohnverhalten und dem Einrichtungsverhalten, deren Werte- und Motivationsbesetzungen und nicht zuletzt dem Wohnerlebnis zugrunde liegen. Die Individualisierungsbewegung, wenn als eine der Facetten der tiefgreifenden Ver-

änderungen der modernen Gesellschaft dargestellt, wird ursächlich auf einen sozialen Wandel zurückgeführt, der in der von den Soziologen angeführten sog. »Individualisierungsdebatte« unter Stichworten wie »Ende der Solidarität«, »individueller Durchsetzungsegoismus«, »von postmaterialistischen zu neomaterialistischen Werten«, »Begleiterscheinung des Modernisierungsprozesses«, »Zurückdrängung traditioneller Bindungen« sowie von »Selbstgestaltungsmöglichkeiten« figuriert.

Ein Wertewandel hat stattgefunden, in den auch das Wohnerlebnis in allen seinen Aspekten und Auswirkungen eingebettet ist – und wenn es auch nur die Verselbständigung verfügbarer Statussymbole ist, sagen wir des Fernsehapparates als Zentrum des Wohnraums. Im Vergleich zu den von uns vor ca. 30 Jahren erhobenen Daten weist alles darauf hin, daß sich der Wandlungsprozeß so stark beschleunigt hat, daß die Beschleunigung als Teil der Veränderungstendenz in ihrer Wirkung einer Potenzierung derselben gleichkommt.

Gesellschaftliche Wandlungsprozesse mit ihren Auswirkungen auf das Wohnerlebnis derart, wie wir sie dargestellt haben, verdichten sich in Wertsetzungen mit den dazugehörenden *Leitbildern*. Sie beeinflussen, wenn nicht gar bestimmen, was schlechthin als die »Lebenskultur« einer Gesellschaft hingestellt wird. Wenn soziologisch erfaßt, beruht diese Lebenskultur auf historisch abgeleiteten Systemen von expliziten und impliziten Lebensanordnungen, denen die Tendenz innewohnt, von allen oder speziell angesehenen Mitgliedern einer Gruppe – also auch von Subkulturen – geteilt zu werden. Und da die Werbelehre ebenso wie die Werbefachzeitschriften nie müde werden zu betonen, daß die Werbung »in ihrer bewußten, organisierten Form einen erheblichen Anteil an unserem Kulturleben genommen hat«[84], sieht sich die Werbeindustrie gerne als »Werbekultur«, also als eine Subkultur, die zumindest in der Nähe der »Lebenskultur« gelegen ist. Mit diesen Gedankengängen im Sinne wandten wir uns den von der Werbung propagierten Wohnleitbildern zu (siehe Kapitel 10, Teil II) und stellten sie der Wohnqualität gegenüber.

Die massenmediale Werbung ist zweifellos als einer der wichtigsten Verstärker von Trends in der Wohneinrichtungsgestaltung sowie der Entwicklung allgemein geltender Wohnleitbilder anzusehen, eine Funktion, die in der einschlägigen Literatur meist als Bedarfsweckung angesprochen wird. Im Rahmen dieser Funktion propagiert die Werbung allerdings nur selten und dann meist nur zusätzlich vollkommen neue, will sagen, in der Wohnrealität noch nicht vorhandene Wohnleitbilder. Im allgemeinen versucht sie sich an existierenden Einstellungen und Präferenzen zu orientieren, die sie jedoch (ob mit oder ohne Marktuntersuchungen) in ihrem Bestehen und Ausmaß als vorhandene Leitbilder nur *einschätzen* kann. Dementsprechend folgen die Werbekonzepte ganz simpel den vorhandenen Angebotsstrukturen,

84 *Rudolf Seyffert,* Werbelehre, Stuttgart 1966, Bd. 2, S. 1596.

welchselbe an den Verkaufsinteressen der Einrichtungshersteller ausgerichtet sind.
In der Folge dieser von seiten der Werbenden durchaus verständlichen Pointierung zeigte sich – wie unsere Untersuchung hat verdeutlichen können – die Bedarfsweckungsfunktion der Werbung nicht in den einzelnen propagierten Bildern, sondern in einer Inszenierung von modischen Wechseln, bei denen ein Überschreiten der »eingeschätzten« bzw. »unterstellten« Leitbilder möglichst vermieden wird. Doch gerade diese Wechselinszenierung von Gebrauchs- und Stromlinienmöbeln, Landesfolklore- und Unikatmöbeln, zwischen Sitzlandschaften und Kuschelecken, fantastischen Farbwelten und hauchdünnen Pastelltönen, von Altem, Neuem und Verrücktem, Größerem, Schönerem und Teuerem erwies sich bei unserer Analyse als in deutlichem Widerspruch stehend zwischen den von der Werbung eingeschätzten und zu propagierenden Leitbildern und der Wohnrealität der westdeutschen Bevölkerung. Während nämlich die Hersteller von Einrichtungsgegenständen aus verständlichen Gründen an der Kurzlebigkeit der Produkte und einer raschen Folge von Neueinrichtungen und Neuanschaffungen interessiert sind, richtet sich die durch die ökonomischen Bedingungen begrenzte Situation der Verbraucher eher auf die Langfristigkeit der einmal angeschafften Einrichtung ein.
Der aufgezeigte Widerspruch zwischen Produzenteninteressen und Konsumentenrealität macht sich auch als Widersprüche bei den inhaltlichen Aspekten der von der Werbung verwerteten Wohnleitbilder bemerkbar, wenn – wie in Kapitel 10 (Seite 77) inhaltsanalytisch analysiert – die *Stimulisetzung* der Möbelwerbung mit den vorhandenen Wohneinstellungen verglichen wird. Zum einen erwies sich, daß die Einrichtungswerbung vor allem die an Repräsentation, Stil und Mode orientierten Stimuli in einem Ausmaß verwendet, die mit den in der Bevölkerung nachgewiesenermaßen vorhandenen Anteilen der auf Repräsentation, Stil und Mode ausgerichteten Einstellungen keineswegs übereinstimmt. Zum anderen wurde deutlich, daß die aus der Wohnrealität erwachsenen Einstellungen, die vor allem den sozialen, den funktionalen und den Privatheitsaspekt des Wohnerlebnisses unterstreichen, anteilmäßig von der Werbung nicht adäquat wiedergegeben bzw. genutzt werden.
Offensichtlich hält die Einrichtungswerbung entgegen den sich entwickelten und entwickelnden Veränderungen der Wertsetzungen bei Wohnen und Wohnerlebnis im großen und ganzen an Orientierungen fest, die vordringlich und kurzfristig ihren Auftraggebern bzw. deren Produktionsinteressen entgegenkommen. Dahinter mag eine Werbestrategie stehen, die das Einrichtungsverhalten des einzelnen Akteurs in die Mitte widersprüchlicher Anforderungen versetzt, um dann durch permanente Reizsetzung den Sieg über eine aus rational-ökonomischen Gründen selbst auferlegte Bedürfnisbegrenzung davonzutragen.

Die Schwächen der Einrichtungswerbung – hervorgerufen durch eine Werbestrategie, die sich nur in geringem Maße auf die soziale und funktionale Wohnrealität ausrichtet – haben, wie aus den Umsatzziffern von Möbelmesse zu Möbelmesse zu entnehmen ist, derzeit der Einrichtungsindustrie in keiner Weise geschadet, zumal die Masse mittlerer und kleinerer Betriebe, die ihre Produkte hauptsächlich mittels Werbebeilagen in Zeitungen anbieten, stets noch auf dem altbewährten Stimulus der Repräsentativität beharren. Obwohl gerade diese Unternehmen ihre Werbung so gerne mit dem Hinweis auf die »Wohnkultur« schmücken, wird hierbei weniger daran gedacht, die Bedingungen des Wohnens und des Wohnerlebnisses menschlicher zu gestalten, sondern eher an Absatzmöglichkeiten unter Aufrechterhaltung deutscher Wohnleitbilder aus vergangenen Zeiten.

In der Tat, die erkleckliche Wortverbindung »Wohnkultur« tritt uns seit geraumer Zeit unentwegt entgegen, gleich ob sie inhaltlich mit Werbeschlagzeilen wie »Einrichten mit Niveau«, »Spaß am Wohnen« und ähnlichem angefüllt wird. Dieser indirekte Verweis auf Kulturbesitz und Kulturgehabe ist rundum zu einer Obsession geworden, die, wo immer möglich, zur Hinzufügung des Wortes »Kultur« zu Betätigungen und Gegebenheiten geführt hat: Eß- und Trinkkultur, Siedlungs- und Stadtkultur, Unternehmungs- und Stammeskultur, Lebens- und Industriekultur, Medienkultur und so denn auch Wohnkultur. Eine Verballhornung des Begriffs »Kultur« findet statt, die in keiner Weise der nach wie vor gültigen und umfassenden kultursoziologischen Umschreibung entspricht, die der Kulturanthropologe Edward B. Taylor schon vor Jahrzehnten vorgelegt hat: »Kultur . . . ist jener Inbegriff von Wissen, Glauben, Kunst, Moral, Gesetz, Sitte und allen übrigen Fähigkeiten und Gewohnheiten, welche der Mensch als Glied der Gesellschaft sich angeeignet hat.«[85]

Nichts von alledem ist mit dem modischen Begriff »Wohnkultur« gemeint. In der gelebten Wirklichkeit, in derjenigen, die in unserer Untersuchung vor- und unterlegt wurde, kann das Schlagwort höchstfalls in Richtung des weniger bombastisch klingenden Begriffs vom »Lebensstil« umgesetzt werden, erfaßbar in der Beobachtung des Wohnerlebnisses. Wie die Wirtschaftsstatistiken aufzeigen, ist ein Großteil der westdeutschen Konsumenten in eine relativ wohlhabende und gesicherte Position vorgerückt. Durch angewachsene Kaufkraft sind Möglichkeiten eröffnet worden, Grundbedürfnisse mit einem Sinn für individuellen Geschmack und Kreativität auszuschmücken, so daß die Suche nach Sicherheit dem Streben nach einem Lebensstil den Platz hat einräumen können. So denn läßt sich im vorliegenden Zusammenhang

85 *Edward B. Taylor,* Die Anfänge der Kultur, 2 Bde., Leipzig 1873, Kapitel »Die Kulturwissenschaft« abgedruckt in: *René König und Axel Schmalfuß* (Hrsg.), Kulturanthropologie, Düsseldorf, Wien 1972, S. 51.

Lebensstil als bewußt und bedacht entwickelte Muster individueller Präferenzen im persönlichen Konsumentenverhalten sehen.
Ausgehend von der im Alltag beobachtbaren gesellschaftlichen Ausdifferenzierung von Lebensstilen, d. h. der Tendenz zur Pluralisierung, bleibt es eine nicht ungefährliche Beliebigkeit, die Wertsetzung des Wohnerlebnisses unter den Slogan »Wohnkultur ist ein Spiegel unserer Lebenskultur« zu setzen oder gar von Lebensstilen als »neue persönliche Strategie des Sich-Unterscheidens« zu sprechen. Lebensstile und Lebensweisen unterliegen nun einmal bestimmenden Faktoren als da (wie von uns aufgezeigt und analysiert) sind: Ankäufe, Statussymbole, Schichtunterschiede, Vor- und Leitbilder, Bedürfnisse, Muße/ Freizeit, Angemessenheit, Planung, Wertsetzungen und Entscheidungsverfügung. Wenn sich anhand der von uns durchgeführten Untersuchung dieser Faktoren derzeit im Wohnen und Wohnerlebnis ein Lebensstil verdeutlicht hat, der auf den Pfeilern »Rationalität«, »Funktionalität« und »Individualisierung« beruht, so hat das nichts mit »Wohnkultur« zu tun, noch kann dieser Begriff dazu benutzt werden, gesellschaftskritische Anklagen der Art zu verbreiten, daß uns ein »Absinken der Wohnkultur« bevorsteht, weil immer mehr Frauen berufstätig sind und daher weniger Zeit zum Säubern der Wohnung haben.
Der Lebensstil und damit das Wohnerlebnis wird nach dem Rang dessen bestimmt, was das Individuum oder die Gruppe in ihrem Alltag duldet, und nach der Fähigkeit, das rein Praktische in einem verbindlichen Wertzusammenhang über die bloße Nützlichkeit hinaufzuformen.

Anhang

Abbildung 1:
Fragebogen der repräsentativen Interviewbefragung
[Interviewer-Anweisungen in eckigen Klammern]

In dieser Umfrage geht es um das Wohnen: wie man wohnt, was einem wichtig ist dabei, Einrichtung und Einrichtungswünsche.

1. Wohnen Sie hier zur Untermiete, zur Miete, in einer Eigentumswohnung oder in einem eigenen Haus?
   ( ) Untermiete
   ( ) Miete
   ( ) Eigentumswohnung
   ( ) eigenes Haus
2. Seit wieviel Jahren wohnen Sie in dieser Wohnung?
   ( ) weniger als 1 Jahr
   ( ) 1 bis 5 Jahre
   ( ) 6 bis 10 Jahre
   ( ) 11 bis 15 Jahre
   ( ) 16 bis 20 Jahre
   ( ) mehr als 20 Jahre
3. Haben Sie schon einmal daran gedacht, aus Ihrer jetzigen Wohnung auszuziehen? Auf der folgenden Liste stehen einige Gründe, aus denen man Interesse an einem Umzug haben kann. Was davon trifft für Sie persönlich *am meisten* zu, weshalb würden Sie umziehen wollen?
   [Liste 1 vorlegen; Mehrfachnennungen möglich!]
   Liste 1: Ich würde umziehen . . .
   (1) wenn eine größere, bessere, schönere Wohnung gefunden ist, die bezahlt werden kann,
   (2) wenn ich vom Land weg in eine Stadt ziehen könnte,
   (3) wenn ich aus der Stadt weg aufs Land ziehen könnte,
   (4) wenn eine andere Wohnlage mir besser gefällt (also z. B. von der Innenstadt weg an den Stadtrand oder umgekehrt oder ähnliches),
   (5) wenn die Aussichten auf eine bessere berufliche Situation (z. B. in einer anderen Stadt) einen Umzug nötig machten,
   (6) wenn meine persönliche und/oder familiäre Situation sich verändern würde (also z. B. bei Heirat, Kindgeburt, Trennung, anderer Partner, Auflösung oder Gründung einer Wohngemeinschaft etc.),
   (7) wenn z. B. eine verschlechterte finanzielle Situation mich dazu zwingen würde,
   (8) aus anderen Gründen, und zwar: (bitte angeben!),

(9) Ich möchte möglichst gar nicht umziehen,
(10) Ich weiß nicht.

4. Welche Räume gehören alle zu Ihrer Wohnung? Bad, Küche, Flur zählen auch als Räume!
[Die einzelnen Räume, wie sie der Befragte nennt, eintragen, so daß jedem Raum eine Ziffer zugeordnet ist. Bei Unklarheiten: Speisekammer o.ä. kleine Abstellkammern, einzelner Toilettenraum zählen nicht mit!]
[Anzahl der Räume insgesamt: ( )]

Es ist ja so, daß eine Wohnung heutzutage mehr ist als nur ein »Dach über dem Kopf«, daß also beim Wohnen die persönliche Beziehung, die man zu seiner Wohnung hat, eine wichtige Rolle spielt. Wir möchten nun gerne wissen, wie diese Beziehung bei Ihnen zu den verschiedenen Räumen Ihrer Wohnung aussieht. Dazu haben wir drei Fragen an Sie.

5. Welcher Raum der Wohnung – einschließlich der Küche – wird von allen Bewohnern tagsüber am meisten genutzt? Bitte benutzen Sie die Liste 2. Sie brauchen mir nur die Nummer von dem entsprechenden Raum zu nennen. Bitte entscheiden Sie sich für *einen* Raum.
[Liste 2 vorlegen und bis Frage 7 liegen lassen!]
Liste 2:
(1) Küche
(2) Bad
(3) Flur/Diele
(4) Wohnzimmer
(5) Wohn-Eßzimmer
(6) Schlafraum
(7) Kinderzimmer
(8) Arbeitsraum
(9) sonstiger Raum (bitte angeben!)
6. In welchem Raum fühlen *Sie persönlich* sich am wohlsten?
[Liste 2]
7. Und welcher Raum – abgesehen von Küche und Bad – ist ganz allgemein »der wichtigste«?
[Liste 2]
8. Zu diesem – allgemein wichtigsten – Raum haben wir noch einige spezielle Fragen. Wie ist *dieser* Raum eingerichtet? Sehen Sie sich dazu doch bitte diese Liste an und nennen Sie mir die Nummern von all den Dingen, die sich in diesem Raum befinden.
[Liste 3 vorlegen]
Liste 3:
(1) Tapete
(2) Rauhfaser-Tapete
(3) Gardinen
(4) Jalousien, Rolläden
(5) Vorhänge
(6) Teppiche
(7) Teppichboden
(8) Parkett
(9) Holz-Dielen
(10) Kunststoffbelag
(11) Keramik- oder Steinfußboden
(12) Stühle
(13) Sessel

(14) Sofa
(15) Sitzgarnitur
(16) Schreibtisch
(17) Eßtisch
(18) Couchtisch – niedrig
(19) sonstiger Tisch
(20) freistehender Schrank
(21) Einbauschrank
(22) Radio
(23) Fernseher
(24) Videogerät
(25) Computer
(26) Hi-Fi-Anlage, Plattenspieler
(27) Telefon
(28) technische Haushaltsgeräte
(29) Bücherregal
(30) sonstige Regale
(31) Bilder und/oder Kunstgegenstände
(32) Hängelampe
(33) Stehlampe
(34) Tischlampe
(35) Strahler
(36) Neonröhre
(37) Blumen und/oder Pflanzen
(38) Bett
(39) Liege oder Matratze
(40) Kachelofen, Kamin
(41) sonstiges (bitte angeben!)

9. Können Sie ungefähr angeben, was die Einrichtung dieses Raumes insgesamt gekostet hat? Eine ungefähre Schätzung reicht. DM: . . .
10. Sind die meisten Dinge in diesem Raum angeschafft oder erworben worden, oder sind die meisten ererbt oder übernommen worden?
    ( ) die meisten angeschafft/ erworben
    ( ) die meisten ererbt/übernommen
    ( ) teilweise angeschafft und teilweise übernommen
    ( ) weiß nicht
11. Was war bei der Auswahl der Möbel für diesen Raum eigentlich ausschlaggebend? Bitte antworten Sie anhand dieser Liste.
    [Liste 4 vorlegen; Mehrfachnennungen möglich!]
    Liste 4:
    (1) die Art und Qualität der Möbel im Hinblick auf die Funktion des Raumes
    (2) allgemein die Kosten der Einrichtung (nicht zu teuer)
    (3) eine bestimmte Person und deren Geschmack und Nutzungsabsicht für diesen Raum
    (4) ein bestimmter Stil, in dem der Raum eingerichtet werden sollte
    (5) weiß nicht
12. Von wie vielen Personen Ihres Haushalts wird dieser Raum regelmäßig genutzt?
    ( ) einer Person
    ( ) zwei Personen
    ( ) drei Personen
    ( ) vier Personen
    ( ) fünf und mehr Personen

13. Über welche technischen Haushaltsgeräte und technische Medien verfügen Sie in Ihrem Haushalt? Schauen Sie sich bitte diese Liste hier an, und nennen Sie mir die entsprechenden Nummern.
[Liste 5 vorlegen]
Liste 5:
(1) Waschmaschine
(2) Wäschetrockner
(3) Wäscheschleuder
(4) Bügeleisen
(5) Bügelmaschine
(6) Staubsauger
(7) Elektro-Kochherd
(8) Gas-Kochherd
(9) Mikrowellenherd
(10) Kühlschrank
(11) Gefrierschrank/-truhe
(12) Fernseher
(13) Videogerät
(14) Videokamera
(15) sonstige Kamera
(16) Fotoapparat
(17) Telefon
(18) Anrufbeantworter
(19) Homecomputer, PC
(20) Radio
(21) Hi-Fi-Anlage mit CD-Plattenspieler
(22) Hi-Fi-Anlage ohne CD-Plattenspieler
(23) Nähmaschine
(24) kleine Küchenmaschinen (Mixer, Kaffeemaschine, elektr. Messer etc.)

14. Wir würden nun gerne etwas genauer von Ihnen wissen, was Sie *persönlich* eigentlich alles so in Ihrer Wohnung tun. Ich lese Ihnen dazu verschiedene Tätigkeiten vor, die man gewöhnlich in seiner Wohnung machen kann. Sagen Sie mir bitte, in welchem Raum – oder welchen Räumen, falls mehrere – diese Tätigkeiten ausgeführt werden. Sie brauchen nur wieder die Nummern des entsprechenden Raumes anhand der Liste 6 zu nennen.
[Liste 6 vorlegen, folgende Tätigkeiten vorlesen und entsprechende Raumziffern vermerken, bzw. »trifft nicht zu« ankreuzen!]
[Liste 6 = Liste 2: Räume]
Arbeit im Haus:
(1) Flick- und Bügelarbeiten
(2) Schreibangelegenheiten erledigen
(3) bezahlte Schreibtischarbeit
(4) bezahlte sonstige Heimarbeit
(5) geschäftliche Kontakte (telefonisch und/oder persönlich)
(6) lernen, studieren, weiterbilden oder etwas (ein-)üben
Kinder:
(7) bei den Hausaufgaben helfen
(8) sich mit Kindern beschäftigen
(9) spielen alleine
Freizeit/Hobby:
(10) sich mit einer Sammlung beschäftigen

(11) computern
(12) selber Musik machen/musizieren
(13) Do it yourself/basteln (z. B. auch töpfern etc.)
(14) Handarbeiten wie Nähen, Stricken etc.
(15) malen und/oder zeichnen
(16) Familienfeste
(17) Partys geben
(18) Besuch empfangen
(19) Kartenspiele, Tischspiele, Gesellschaftsspiele unter Erwachsenen
(20) Gymnastik, aktiver Sport/Bewegung, Yoga oder ähnliches
Erholung:
(21) nichts tun, ausspannen, faulenzen
(22) Musik hören
(23) Radio hören
(24) fernsehen
(25) Video
(26) Zeitungen, Zeitschriften, Illustrierte, Magazine, Comics etc. lesen
(27) Bücher lesen (z. B. Romane)
(28) sich in Ruhe pflegen (baden, Kosmetik, Massage etc.)
(29) telefonieren
(30) miteinander reden, erzählen usw.
Essen:
(31) frühstücken
(32) zu Mittag essen
(33) Kaffee oder Tee trinken
(34) zu Abend essen
(35) schlafen
(36) sonstiges, und zwar: (bitte angeben!)

Und jetzt etwas ganz anderes!

15. Wir haben einmal versucht, verschiedene Einrichtungsstile mit einfachen Zeichnungen darzustellen und voneinander zu unterscheiden – was sicherlich nicht einfach ist. In welchem dieser sieben verschiedenen Räume, die ich Ihnen jetzt vorlegen werde, würden Sie am liebsten Besuch empfangen?
[Vorlageblatt: Einrichtungsstile vorlegen; nur *eine* Nennung!]
16. Und wie sollte in dem von Ihnen ausgewählten Raum die allgemeine Farbgestaltung sein? Bitte antworten Sie anhand der Liste 7.
[Liste 7 vorlegen]
(1) hell-dunkel, kontrastreich
(2) farbenfroh, doch nicht »kunterbunt«
(3) knallige, poppige Farben
(4) möglichst weiß und hell
(5) möglichst natürlich (Holz und sanfte Farben)
(6) dunkel
(7) ganz anders, nämlich: (bitte angeben!)
17. Und welche der Gegenstände auf dieser Liste dürften auf gar keinen Fall in dem von Ihnen ausgesuchten Raum fehlen, damit Sie sich dort wohl fühlen und Ihren Besuch empfangen können?
[Liste 8 vorlegen]
[Liste 8 = Liste 3: Einrichtungsgegenstände]
18. Sehen Sie sich jetzt bitte noch einmal kurz unsere Zeichnungen an, und sagen Sie mir, welcher der dargestellten Stile am ehesten der Einrichtung des Raumes

entspricht, in dem Sie sich aufhalten, wenn Freunde und Bekannte Sie besuchen. [Vorlageblatt Einrichtungsstile vorlegen!]

19. Fehlt Ihnen – ganz allgemein – etwas in Ihrer Wohnung, damit Sie sich hier rundum wohl fühlen könnten?
[offen]

20. Sind Sie im großen und ganzen mit der Einrichtung dieser Wohnung z. Zt. eher zufrieden oder eher unzufrieden?
( ) eher zufrieden
( ) eher unzufrieden

21. Und sind Sie mit der Raumaufteilung bzw. dem Grundriß der Wohnung z. Zt. eher zufrieden oder eher unzufrieden?
( ) eher zufrieden
( ) eher unzufrieden

22. Planen Sie für die nächste Zeit umzuziehen – in ihrer jetzigen Wohnung zu renovieren – oder neue Möbel anzuschaffen – oder wollen Sie nichts dergleichen tun?
( ) umziehen ——→ Frage 24
( ) renovieren ——┐
( ) neue Möbel anschaffen ——┴→ Frage 23
( ) nicht dergleichen ——→ Frage 24

23. An was denken Sie dabei?

24. In welchem Jahr haben Sie zum letzten Mal die Wohnung oder Teile davon neu eingerichtet und/oder renoviert?
[Bei Unklarheiten: auch Renovierung eines einzelnen Raumes ist gemeint. Die Anschaffung eines einzelnen Einrichtungsstückes reicht nicht!] Jahr: ....

25. Für was haben Sie dabei Geld ausgegeben? Sehen Sie sich doch bitte diese Liste zu dieser Frage an und nennen Sie mir die entsprechenden Nummern.
[Liste 9 vorlegen!]
Liste 9:
(1) Möbel (Betten, Sofa, Tisch, Sitzmöbel usw.)
(2) Kücheneinrichtungen
(3) Badezimmereinrichtungen
(4) technische Küchen- und Haushaltsgeräte (Kühlschrank, Gefriertruhe, Waschmaschine usw.)
(5) technische Medien (Video, Hi-Fi-Anlage, Farbfernseher, Computer usw.)
(6) Kunstgegenstände (Bilder, Plastiken, Antiquitäten)
(7) Material zur Eigenrenovierung (Tapeten, Farben, Bodenbeläge, Werkzeuge usw.)
(8) Material zur Eigenanfertigung von Einrichtungsgegenständen (Holz, Metall, Kunststoff, Stoff)
(9) Kosten für Arbeitsleistungen der Renovierung (Handwerker)
(10) sonstiges, und zwar (bitte angeben!)

26. Können Sie sich noch daran erinnern, wieviel Geld Sie *ungefähr* bei dieser letzten Einrichtung/Renovierung ausgegeben haben? Die Antwortvorgaben finden Sie auf Liste 10.
[Liste 10 vorlegen!]
Liste 10:
(1) bis DM 500,–
(2) bis DM 1000,–
(3) 1 000,– bis DM 5 000,–
(4) 5 000,– bis DM 10 000,–
(5) 10 000,– bis DM 20 000,–
(6) über 20 000,– DM

27. Fänden Sie es sinnvoll, wenn Sie in Ihrer Wohnung den Wohnungsgrundriß, z. B. durch verstellbare Wände oder ähnliches, von Zeit zu Zeit verändern könnten, oder halten Sie das nicht für nötig?
( ) Ja, fände ich sinnvoll
( ) Nein, ist nicht nötig
( ) Weiß nicht
28. Wenn Leute Vor- und Nachteile Ihrer Wohnung beschreiben, nennen sie oft einzelne von diesen Dingen, die wir hier zusammengestellt haben. Was davon sehen Sie als *Vorteil* Ihrer Wohnung an?
[Liste 11 vorlegen und bis Frage 29 liegen lassen!]
Liste 11:
(1) Größe.
(2) Einrichtung allgemein
(3) Raumaufteilung/Wohnungsgrundriß
(4) Veränderbarkeit
(5) Kosten allgemein
(6) Heizungsart und/oder -kosten
(7) Beschaffenheit des Hauses
(8) Verkehrssituation
(9) Garten
(10) Nachbarn/Leben auf der Straße etc.
(11) nähere Umgebung (Einkaufsmöglichkeiten/Grünfläche)
(12) sonstiges, und zwar: (bitte angeben!)
29. Und was davon sehen Sie als *Nachteil* Ihrer Wohnung an? Benutzen Sie wieder die gleiche Liste.
[Liste 11!]
30. Besitzen Sie in Ihrem Haushalt Bücher? Und wenn ja, wie viele ungefähr: nur einzelne – bis 100 Bücher – 100 bis 500 Bücher – 500 bis 1000 Bücher oder mehr als 1000 Bücher?
( ) keine Bücher
( ) nur einzelne
( ) bis 100
( ) 100 bis 500
( ) 500 bis 1000
( ) mehr als 1000 Bücher
31. Lesen Sie regelmäßig oder ziemlich regelmäßig Tageszeitungen?
( ) Ja
( ) Nein
32. Lesen Sie persönlich regelmäßig oder ziemlich regelmäßig Zeitschriften, Illustrierte, Wochenzeitungen? Was von der Liste trifft zu?
[Liste 12 vorlegen!]
Liste 12:
(1) Fernsehzeitschriften
(2) Wochenzeitschriften (z. B. Die Zeit)
(3) Illustrierte
(4) Zeitschriften mit besonderen Themenschwerpunkten wie Auto, Frau, Wohnen
(5) Fachzeitschriften
(6) sonstige, und zwar: (bitte angeben)
(7) nichts davon
33. Beachten Sie auch schon einmal Artikel und/oder Berichte, die sich mit Wohnungen und Wohnungseinrichtungen beschäftigen? Ist das häufiger, gelegentlich oder nie der Fall?

( ) Ja, häufiger ──┐
( ) Ja, gelegentlich ──┴→ Frage 34
( ) Nein, nie ──→ Frage 35

34. Schauen Sie sich bei solchen Berichten und Artikeln hauptsächlich nur die Bilder und Darstellungen an, oder lesen Sie überwiegend auch den entsprechenden Text dazu?
( ) schaue hauptsächlich nur die Bilder an
( ) lese überwiegend auch den Artikel dazu
( ) weiß nicht genau

35. Kennen Sie irgendwelche Zeitschriften, die sich speziell mit Wohnungen, Hausbau, Wohnungseinrichtung und/oder Wohnkultur befassen?
( ) Ja, und zwar: ..... ──→ Frage 36
( ) Nein: ──→ Frage 37

36. Wann haben Sie das letzte Mal eine solche Zeitschrift gelesen?
( ) in der letzten Woche
( ) im letzten Monat
( ) im letzten Vierteljahr
( ) in den letzten 12 Monaten
( ) noch früher
( ) noch nie
( ) weiß nicht

37. Beachten Sie Prospekte und Kataloge oder Werbebeilagen von Möbelhäusern und/oder Einrichtungsherstellern? Ist das:
( ) regelmäßig und häufig (mindestens einmal im Monat) der Fall ──┐
( ) gelegentlich (mindestens einmal im Vierteljahr) ──┤
( ) nur, wenn Sie etwas anschaffen wollen? ──┴→ Frage 38
oder
( ) so gut wie nie? ──┐
( ) weiß nicht ──┴→ Frage 40

38. Wann haben Sie das letzte Mal einen solchen Prospekt oder Katalog oder eine Werbebeilage genauer angesehen?
( ) in der letzten Woche
( ) im letzten Monat
( ) im letzten Vierteljahr
( ) in den letzten 12 Monaten
( ) noch früher
( ) weiß nicht

39. Können Sie sich an den Namen der Firma (des Herstellers) erinnern, von der dieser Prospekt, Katalog oder die Werbebeilage war?
( ) Nein, weiß nicht
( ) Ja, und zwar: ....

40. Wie Sie vielleicht schon selbst festgestellt haben, gibt es heute sehr unterschiedliche Meinungen darüber, welchen Stellenwert die Wohnung für den einzelnen Menschen hat, welche Bedeutung also z. B. die Einrichtung für denjenigen hat, der darin lebt. Ich lese Ihnen dazu jetzt unterschiedliche Aussagen vor. Bitte sagen Sie mir jeweils anhand dieser Skala, inwieweit die jeweilige Aussage Ihrer eigenen Einstellung entspricht.
[Liste 13 vorlegen und folgende Aussagen vorlesen, Antworten nach Liste 13 vermerken!]
Liste 13:
entspricht meiner persönlichen Einstellung:
(1) völlig

(2) ziemlich
(3) etwas
(4) überhaupt nicht
(5) trifft nicht zu

Aussagen:

a. »Eine Wohnungseinrichtung sollte so gewählt sein, daß sie die Zusammengehörigkeit und die gemeinsame Aktivität, z. B. der Familie, fördert.«
b. »Eine Wohnung muß vor allem so eingerichtet sein, daß man darin ungestört arbeiten kann.«
c. »Die Wohnung ist der Ort, an dem vor allem anderen meine persönliche Freizeitbeschäftigung möglich sein muß«.
d. »Das Entscheidende einer Wohnung ist wohl, daß man sich dort erholen und entspannen kann und sich auch mal so verhalten kann, wie einem gerade danach ist.«
e. »Die Wohnung ist ja eigentlich auch ein Ausdruck der gesellschaftlichen Stellung, die jemand einnimmt. Wenn man sich einrichtet, sollte man es deshalb so tun, daß man sich mit seiner Wohnung auch sehen lassen kann.«
f. »Einrichtungen und Möbel sollten vor allem praktisch, pflegeleicht oder auch variabel sein, damit sie ihren Gebrauchszweck möglichst gut erfüllen. Das ist viel wichtiger, als daß sie besonders 'stilecht', 'wertvoll' oder 'kunstvoll' sind.«
g. »Das Wohnen und die Einrichtung darf nicht zu viel Geld kosten. Gerade beim Wohnen kann man sehr viel sparen, wenn man darauf achtet.«
h. »Auch bei der Einrichtung sollte man in Stil und Gepflogenheiten den Gewohnheiten seiner Herkunft, der Familie in gewisser Weise treu bleiben.«
i. »Beim Möbelkauf ist vor allem auf die Qualität von Material und Verarbeitung Wert zu legen, damit man sich solide und gut einrichtet.«
k. »Das Gelingen einer Einrichtung hängt davon ab, ob man einen bestimmten Stil wirklich durchgängig einhalten und unangenehme ›Stilbrüche‹ vermeiden kann.«
l. »Möbel sind in gewisser Hinsicht ja auch Kunst. Deshalb sollte man auch darauf achten, daß die gesamte Einrichtung zu den übrigen Kunstgegenständen in der Wohnung paßt.«

41. Hat sich Ihre eigene Einstellung zum Wohnen und zum Stellenwert der Einrichtung im Laufe Ihres Lebens schon mal verändert, oder ist das nicht der Fall?
( ) Ja, hat sich verändert → Frage 42
( ) Nein, hat sich nicht verändert → Frage 43
( ) weiß nicht → Frage 43

42. Was hat sich da genau verändert? Was also war Ihnen beim Wohnen früher wichtig und was heute?
[offen]

43. Nehmen wir einmal an, Sie würden sich neu einrichten wollen. Wo würden Sie sich dabei Rat, Information und Orientierung holen?
[offen]

44. Wenn ich Ihnen nun diese Liste vorlege, auf der Möglichkeiten zur Information zusammengefaßt sind, welche dieser Möglichkeiten würden Sie auswählen, um sich dort Rat, Information und Orientierung zu holen?
[Liste 14 vorlegen!]
Liste 14:
(1) Familienmitglieder/Partner
(2) Freunde/Bekannte
(3) Kollegen
(4) Innenarchitekten/Raumausstatter/ähnliche Fachleute
(5) persönliche Verkaufsberatung in Geschäften

(6) Wohnzeitschriften
(7) andere Zeitschriften
(8) Prospekte und Kataloge von Einrichtungshäusern
(9) Schaufenster
(19) Fernsehen
(11) Ratgeber-Bücher
(12) elterliche Wohnung
(13) sonstiges, und zwar (bitte angeben!)
(14) brauche keinen Rat, Information, Orientierung

45. Wodurch werden Ihrer Meinung nach die meisten Menschen bei ihren Einstellungen über Wohnungseinrichtungen am stärksten beeinflußt?
[Liste 15 vorlegen, Mehrfachnennungen möglich!]
Liste 15:
(1) Wohnungseinrichtungen von Freunden und Bekannten
(2) Wohnungseinrichtungen von Kollegen
(3) persönlicher Rat von Familienmitgliedern und dem Partner
(4) persönlicher Rat von Freunden und Bekannten
(5) Wohnzeitschriften
(6) andere Zeitschriften
(7) Werbung allgemein
(8) Wohnungseinrichtungen bei Filmen und Sendungen im Fernsehen
(9) Prospekte und Kataloge von Möbelhäusern
(10) Werbebeilagen von Möbelhäusern in Tageszeitungen
(11) Verkäufer in Geschäften
(12) Schaufenster
(13) Innenarchitekten, Raumausstatter oder ähnliche Fachleute
(14) elterliche Wohnung
(15) sonsitges, und zwar (bitte angeben!)
(16) die meisten Menschen lassen sich von außen nicht beeinflussen

Jetzt bitte ich Sie nur noch um einige statistische Angaben, die wir zur Auswertung benötigen.

46. Geschlecht:
( ) männlich
( ) weiblich

47. Darf ich fragen, wie alt Sie sind?
Jahre: ....

48. Welche Schule haben Sie zuletzt besucht, bzw. welchen Schulabschluß haben Sie?
[Liste 16 vorlegen!]
Liste 16:
(1) Volks-, Hauptschule ohne abgeschlossene Lehre
(2) Volks-, Hauptschule mit abgeschlossener Lehre
(3) weiterbildende Schule ohne Abitur
(4) Abitur, Hochschulreife, Fachhochschulreife
(5) Studium (Universität, Akademie, Fachhochschule)

49. Sind Sie persönlich berufstätig?
[Liste 17 vorlegen!]
Liste 17:
berufstätig:
(1) voll berufstätig
(2) teilweise berufstätig
(3) zur Zeit arbeitslos

Rentner, Pensionär: (nicht mehr voll berufstätig)
(4) früher berufstätig
(5) früher nicht berufstätig
in Ausbildung:
(6) Auszubildender (Lehrling)
(7) Schüler, Student
nicht berufstätig:
(8) aber früher berufstätig gewesen
(9) (noch) nie berufstätig gewesen

50. Welchen Beruf üben Sie zur Zeit aus, bzw. haben Sie zuletzt ausgeübt?
[Liste 18 vorlegen!]
Liste 18:
Angestellte:
(1) einfache Angestellte
(2) mittlere Angestellte
(3) qualifizierte Angestellte
(4) leitende Angestellte
Arbeiter:
(5) ungelernte Arbeiter
(6) angelernte Arbeiter
(7) einfache Facharbeiter
(8) qualifizierte Facharbeiter
Selbständige/Freie Berufe/Landwirte
(9) kleinere Selbständige
(10) mittlere Selbständige
(11) größere Selbständige
(12) freie Berufe (z. B. Arzt, Anwalt)
(13) selbständige Landwirte
Beamte:
(1) einfacher Dienst
(2) mittlerer Dienst
(3) gehobener Dienst
(4) höherer Dienst

51. Wie ist Ihr Familienstand?
( ) ledig
( ) verheiratet
( ) verwitwet
( ) geschieden

52. Wie violo Personen leben ständig in Ihrem Haushalt, Sie selbst mit eingeschlossen?
( ) 1 Person
( ) 2 Personen
( ) 3 Personen
( ) 4 Personen
( ) 5 Personen und mehr

53. Wie viele davon sind 14 Jahre und älter?
( ) 1 Person
( ) 2 Personen
( ) 3 Personen
( ) 4 Personen
( ) 5 Personen und mehr

54. Leben in Ihrem Haushalt Kinder unter 18 Jahren, und wie alt sind diese?
( ) Ja, Jahre: ....
( ) Nein, keine Kinder unter 18 Jahren

55. Welcher Religion bzw. Konfession gehören Sie an?
( ) evangelisch
( ) katholisch
( ) andere Konfession
( ) keine Konfession

56. In welcher der auf dieser Liste zusammengestellten Wohnform leben Sie. Nennen Sie mir bitte nur die eine Ziffer der Antwort, die auf Sie zutrifft.
[Liste 19 vorlegen!]
Liste 19:
Ich wohne . . .
(1) als Ein-Personen-Haushalt allein
(2) alleinerziehend mit Kind(ern)
(3) mit (Ehe-)Partner ohne Kind(er)
(4) mit (Ehe-)Partner und Kind(ern)
(5) als Wohngemeinschaft ohne Kind(er)
(6) als Wohngemeinschaft mit Kind(ern)
(7) in meiner Herkunftsfamilie (Eltern, Geschwister) oder Teilen davon ohne Kind(er)
(8) in meiner Herkunftsfamilie (Eltern, Geschwister) oder Teilen davon mit Kind(ern)
(9) noch anders, und zwar (bitte angeben!)

57. Welche Partei ist Ihnen zur Zeit am sympathischsten?
[Parteienscheibe vorlegen!]
(1) CDU/CSU
(2) SPD
(3) F.D.P.
(4) NPD
(5) DKP
(6) Die Grünen
(7) Sonstige
(8) keine von allen, bzw. noch nicht gewählt

58. Wie viele Personen in Ihrem Haushalt haben ein eigenes Einkommen? Das heißt, wie viele Personen verdienen selbst oder haben ein Einkommen aus Renten, Pensionen, Mieten, Pacht, Wertpapieren und dergleichen?
( ) 1 Person
( ) 2 Personen
( ) 3 Personen
( ) 4 Personen
( ) 5 Personen und mehr

59. Wenn Sie einmal alles zusammenrechnen: Wie hoch ist dann das monatliche Nettoeinkommen, das Sie alle zusammen hier im Haushalt haben, nach Abzug der Steuern und Sozialversicherung? Nennen Sie mir bitte die entsprechende Ziffer!
[Liste 20 vorlegen!]
Liste 20:

(1) unter 500 DM	(6) 2 500 bis unter 3 000 DM
(2) 500 bis unter 1 000 DM	(7) 3 000 bis unter 3 500 DM
(3) 1 000 bis unter 1 500 DM	(8) 3 500 bis unter 4 000 DM
(4) 1 500 bis unter 2 000 DM	(9) 4 000 bis unter 5 000 DM
(5) 2 000 bis unter 2 500 DM	(10) 5 000 und mehr DM

60. Wie hoch ist Ihr persönliches Nettoeinkommen?
[Liste 20 vorlegen!]

61. Postleitzahl: ....

Abbildung 2:
Soziodemographische Struktur der Stichprobe der repräsentativen Interviewbefragung

Befragungszeitraum: 22. 2. 1989–22. 3. 1989
n = 1422 Interviews

Geschlecht:

männlich:	46 %
weiblich:	54 %

Alter:

20–29 Jahre:	20 %
30–39 Jahre:	16 %
40–49 Jahre:	19 %
50–59 Jahre:	17 %
60 und mehr Jahre:	28 %

Schulbildung:

Volksschule ohne Lehre:	14 %
Volksschule mit Lehre:	49 %
weiterbildende Schule ohne Abitur:	8 %
Abitur, (Fach-)Hochschulreife:	8 %
Studium (Uni/FH):	7 %

Haushaltsgröße:

(Personen im Haushalt)

1 Person:	15 %
2 Personen:	35 %
3 Personen:	24 %
4 Personen:	19 %
5 und mehr Personen:	7 %

Haushaltsnettoeinkommen:

bis unter 1500,– DM:	9 %
1500,– bis unter 2000,– DM:	11 %
2000,– bis unter 2500,– DM:	14 %
2500,– bis unter 3000,– DM:	14 %
3000,– bis unter 4000,– DM:	18 %
4000,– bis unter 5000,– DM:	10 %
5000,– DM und mehr:	11 %
Keine Angabe:	13 %

Ortsgröße:

unter 5000 Einwohner:	13 %
5 000 bis unter 20 000 Einwohner:	15 %
20 000 bis unter 100 000 Einwohner;	12 %
100 000 bis unter 500 000 Einwohner:	17 %
500 000 Einwohner und mehr:	43 %

Kinder im Haushalt:

Ja:	30 %
Nein:	70 %

Familienstand:

ledig:	19 %
verheiratet:	65 %
verwitwet:	9 %
geschieden:	7 %

Berufstätigkeit:

berufstätig (einschl. vorübergehend arbeitslos):	54 %
nicht berufstätig (Rentner, Auszubildende, Schüler, Student, Hausfrau):	46 %

Konfession:

evangelisch:	50 %
katholisch:	43 %
sonstige:	2 %
keine:	5 %

Bundeländer:

Schleswig-Holstein:	4 %
Hamburg:	3 %
Niedersachsen:	12 %
Bremen:	1 %
Nordrhein-Westfalen:	27 %
Hessen:	9 %
Rheinl. Pfalz/Saar.:	8 %
Baden-Württemberg:	15 %
Bayern:	18 %
West-Berlin:	3 %

Literaturverzeichnis

Andrews, F. M., Withey, S. B., Social Indicators of Well-Being: The Development and Measurement of Perceptual Indicators, New York 1976

Andritzky, Michael; Selle, Gert (Hrsg.), Lernbereich Wohnen, Didaktisches Sachbuch zur Wohnwelt vom Kinderzimmer bis zur Stadt, 2 Bände, Hamburg 1982

Architektur und Verhalten – am Beispiel des Wohnverhaltens, in: Kurzbericht Bauforschung 17 (1976), Nr. 3, S. 135–141

Atkinson, Rita L.; Atkinson, Richard C.; Hilgard, Ernest R., Introduction to Psychology, 8. Auflage, New York 1983

Bauer, Achim, Größer, schöner, teurer, in: Deutsche Volkszeitung/die tat, Nr. 16, 14. 4. 89, S. 8

Becher, Ursula A. J., Geschichte des modernen Lebensstil, München 1990

Beiersmann, Helmut, Studentisches Wohnen in neuen Hochschulstädten, Vergleichende Analyse der Wohnsituation, Materialien zur regionalen Bildungs- und Entwicklungsplanung 82, Braunschweig 1975

Bertold, Franz, Das Kind und seine Erlebniswelt, Osnabrück 1970

Böltken, Ferdinand, Städtische Lebensweise, Eine empirische Untersuchung des Zusammenhangs von Siedlungs- und Verhaltensweise, Köln 1981

Bösel, Monika, Der zentrale Ort des Familiengeschehens, Wohnsituation und Wohnverhalten von Familien in der Bundesrepublik, in: Parlament 28 (1978), Nr. 33, S. 9

Bourdieu, Pierre, Die feinen Unterschiede, Kritik der gesellschaftlichen Urteilskraft, Frankfurt a. M. 1982

Burandt, Ulrich, Ergonomie für Design und Entwicklung, Köln 1978

Burckhardt, Lucius, Leitbilder des Wohnens – gibt es sowas?, in: Werk und Zeit 1979, Nr. 4, S. 17–18

Chapman, Dennis, The Home and Social Status, London 1955

Councel of Europe, Towards a Participatory Culture in the Built Environment, Strasbourg, 20. 7. 1981

Das Haus (Hrsg.), Wohnwelten in Deutschland 2, Basisdaten, Offenburg 1987

Der Spiegel, Die neue Wohnungsnot, Wohnungsmangel im Wohlstandsland, Mieten: Urängste werden wach, in: Der Spiegel, 43. Jhg., Nr. 38, 18. 9. 1989, S. 32–35

Deutsche Volkszeitung/die tat, Anders Wohnen, Zurück zum traditionellen Wohnungsbau?, in: Deutsche Volkszeitung/die tat, Nr. 20, 12. 5. 89, S. 3

Diewald, Martin; Zapf, Wolfgang, Wohnbedingungen und Wohnzufriedenheit, in: *Glatzer, Wolfgang; Zapf, Wolfgang* (Hrsg.), Lebensqualität in der Bundesrepublik, Objektive Lebensbedingungen und subjektives Wohlbefinden, Frankfurt a. M. 1984, S. 73–96

Dirisamer, Rudolf; Figlhuber, Gernot; Uhl, Ottokar (Hrsg.), Wohnen, Ein Handbuch, Wien 1984

Dittrich, Lothar; Eppensteiner, Eberhard, Auswirkungen der Verdichtung auf Wohnumwelt und Wohnverhalten in Demonstrativbauvorhaben, Schriftenreihe des Bundesministers, bearbeitet im SIN-Städtebauinstitut-Forschungsgesellschaft, Nürnberg 1979
Dorr, Aimée, Television and Children, Beverly Hills, London, New Delhi 1986
Drucker, Peter F., The Age of Discontinuity, London 1969
Durkheim, Emile, Montesquieu et Rousseau, Précurseurs de la sociologie, Paris 1953
Durkheim, Emile, Die Regeln der soziologischen Methode, herausgegeben von René König, 2. Aufl., Neuwied 1975
Eisermann, Gottfried (Hrsg.), Die Krise der Soziologie, Stuttgart 1976
Elias, Norbert, Über den Prozeß der Zivilisation, Soziogenetische und psychogenetische Untersuchungen, 2 Bände, 2. Aufl., Bern, München 1969
Engelbert, Werner W. (Hrsg.), Gesellschaft, Wirtschaft, Wohnungswirtschaft, Festschrift für Helmut Jenkins, Schriften zum Genossenschaftswesen und zur öffentlichen Wirtschaft, Bd. 18, Berlin,München 1987
Erikson, Erik H., The Problem of Ego Identity, in: Journal of the American Psychoanalytic Association, 1956, S. 76 ff.
Flexible Wohnsysteme – Sonderprojekt: Wohnvorstellungen der jungen Generation, in: Kurzbericht Bauforschung 12 (1971), Nr. 9
Frey, Roland; Schmidt-Relenberg, Norbert, Totale Wohnung, Stuttgart 1967
Friedrichs, Jürgen, Methoden der empirischen Sozialforschung, 9. Aufl., Opladen 1981
Fromm, Erich, Man for Himself, New York 1947
Gardner, Philippe, 20th Century Furniture, Art Nouveau, Arts and Crafts, Art Deco, Modernism, Contemporary Style, Pop, High Tech, Oxford 1980
Gaulke, Jürgen, Spekulanten räumen ab, Immer mehr Mietwohnungen werden in Eigentum verwandelt, in: Die Zeit, Nr. 34, 18. 8. 89, S. 18
Geißler, Clemens; Pflanz, Manfred; Schwarz, Karl (Hrsg.), Familie und Wohnen, Braunschweig 1979
Gleichmann, Peter Reinhard, Die Verhäuslichung von Harn- und Kotentleerung, in: Archithese 15 (1985), Nr. 1, S. 8–14
Häußermann, Hartmut; Siebel, Walter, Eine Frage des Preises, Für wohlhabende Bürger ist die Versorgung mit standesgemäßen Wohnungen hierzulande so gut wie nie zuvor, in: Die Zeit, Nr. 22, 26. 5. 89, S. 41
Heidemann, Lutz, Gruppenspezifisches Wohnverhalten, Essen 1978
Herlyn, Ingrid; Herlyn, Ulfert, Wohnverhältnisse in der Bundesrepublik, 2. Aufl., Frankfurt a. M., New York 1983
Hochschule für Gestaltung Offenbach a. M. (Hrsg.), Wohnen und Identität, Kolloquium 6, Offenbach a. M. 1982
IKEA-Stiftung, Engagement zum Nutzen der Verbraucher, Tätigkeitsbericht 1981–1984, Hofheim-Wallau 1984
Institut der Deutschen Wirtschaft, Zahlen zur wirtschaftlichen Entwicklung der Bundesrepublik 1989, Köln 1989
Institut für empirische Sozialforschung (I. f. e. S.), Intimsphäre und Öffentlichkeitsraum im Wohnbereich, Wien 1972
Institut für empirische Sozialforschung (I. f. e. S.), Sozialpsychologische Einflüsse auf die Wohnkultur, Die Wohnung als Prestige-Symbol, Wien 1974
Katona, George, Die Macht des Verbrauchers, Düsseldorf 1962 (1960)
Kätsch, Siegfried, Teilstrukturen sozialer Differenzierung und Nivellierung in einer westdeutschen Mittelstadt, Aufwandsnormen und Einkommensverwendung in ihrer sozialen Schichtung, Forschungsberichte des Landes Nordrhein-Westfalen, Nr. 1460, Opladen 1965
Koelbl, Herlinde; Sack, Manfred, Das deutsche Wohnzimmer, München, Luzern 1980

König, René, Schmalfuß, Axel (Hrsg.), Kulturanthropologie, Düsseldorf, Wien 1972
Kurzrock, Ruprecht (Hrsg.), Baugeschichte und europäische Kultur, Berlin 1985
Laage, Gerhard; Herr, Max-Walter, Die Wohnung von heute für Ansprüche von morgen, Definition eines deutschen Wohnungsstands, GEWOS-Schriftenreihe Neue Folge 5, Hamburg 1971
Landzettel, Wilhelm, Das Phänomen Wohnen, Wiesbaden 1975
Lindzey, Gardener; Aronson, Elliot (Hrsg.), The Handbook of Social Psychology, 2 Bände, 2. Aufl., Reading, Mass., 1968
Loccumer Protokolle, Wohnbedürfnisse der Zukunft, Tagung vom 23.–25. 5. 1975, Loccumer Protokolle 11/1975
Lüdtke, Hartmut, Bauform und Wohnverhalten, Eine Vergleichsuntersuchung der Terrassenhäuser in einer Siedlung des sozialen Wohnungsbaus in Hamburg-Eidelstädt, GEWOS-Schriftenreihe Neue Folge 8, Hamburg 1973
Markmann, Erika; Markmann, Lothar, Leben unterm Dach, Düsseldorf, Wien 1985
Meyer, Manfred (Hrsg.), Wie verstehen Kinder Fernsehprogramme?, München, New York, London 1984
Meyer-Ehlers, Grete, Kollektive Wohnformen, Erfahrungen, Vorstellungen, Raumbedürfnisse in Wohngemeinschaften, Wohngruppen und Wohnverbänden, Im Auftrag des Bundesministers für Städtebau und Wohnungswesen, Wiesbaden 1973
Michelson, William, Environmental Choice, Human Behavior and Residential Satisfaction, New York 1977
Mitscherlich, Alexander, Die Unwirtlichkeit unserer Städte, Anstiftung zum Unfrieden, Frankfurt a. M. 1965
Mühlestein, Erwin, »Wohndörfer« – Wohnen und Leben in Nachbarschaft, Eine zukunftsweisende Weiterentwicklung im Einfamilienhaus, in: Neue Zürcher Zeitung, Nr. 105, 7. 5. 88, S. 53–54
Nietham, Lutz (Hrsg.), Wohnen im Wandel, Wuppertal 1979
Oesterle-Schwerin, Jutta, Zum Wohnen gibt es keine Alternative, Interview über die neue Wohnungsnot, in: Deutsche Volkszeitung/die tat, Nr. 14, 31. 3. 89, S. 5
Ogburn, W. F., Social Change, New York 1922
Petsch, Joachim, Eigenheim und gute Stube, Zur Geschichte des bürgerlichen Wohnens, Köln 1989
Petzinger, Renate; Riege, Marlo, Die neue Wohnungsnot, Wohnungswunder Bundesrepublik, Hamburg 1981
Portner, Rudolf, Die anpaßbare Wohnung, Unterschiede und Veränderungen in den Wohnverhaltensweisen und Wohnbedürfnissen, Karlsruhe 1980
Praz, N., Die Inneneinrichtung von der Antike bis zum Jugendstil, München 1965
Rech, Peter, Zwischen Höhle und Gasthaus, Zur Psychoanalyse des Wohnens, in: Kunst & Therapie, Zeitschrift zu Fragen der ästhetischen Erziehung, 1987, Heft 12, S. 50–63
Riesmann, David; et al., Die einsame Masse, Hamburg 1958
Rust, Holger, Methoden und Probleme der Inhaltsanalyse, Eine Einführung, Tübingen 1981
Sack, Manfred, Weiter wohnen wie gewohnt? Anregungen für Mieter, Architekten und Bauherrn aus einer Werkbund-Ausstellung, in: Die Zeit 34 (1979), Nr. 17, S. 69
Schäfers, Bernhard, Sozialstruktur und Wandel der Bundesrepublik Deutschland, Ein Studienbuch zu ihrer Soziologie und Sozialgeschichte, 2. Aufl., Stuttgart 1979
Scheffler, Karl, Die Häuslichkeit, in: *Heyck, Ed.* (Hrsg.), Moderne Kultur, Ein Handbuch der Lebensbildung und des guten Geschmacks, 1. Bd., Stuttgart, Leipzig 1905
Scheuch, Erwin K., Städtebau und sozialer Wandel, Zur Funktion des Wohnens in der Industriegesellschaft, in: Archiv für Kommunalwissenschaften (AfK) 26 (1987), 2. Halbjahresband, Stuttgart 1987

Schiess, Robert, Bauen und Wohnen, Ein menschliches Grundbedürfnis, in: Neue Zürcher Zeitung, Nr. 282, 5. 12. 87, S. 59
Schwarze, Wolfgang; Gehse, Gisela, Anspruchsvolles Wohnen – modern, rustikal, elegant, in 90 Häusern und 680 Fotos, Wuppertal 1984
Scott, Joseph A., Comfort and Seating Distance in Living Rooms, The Relationship of Interactants and Topic of Conversation, in: Environment and Behavior 16 (1984), Nr. 1, S. 35–54
Selle, Gert, Design-Geschichte in Deutschland, Produktkultur als Entwurf und Erfahrung, Köln 1987
Selle, Gert; Boehe, Jutta, Leben mit den schönen Dingen, Anpassung und Eigensinn im Alltag des Wohnens, Hamburg 1986
Sembach, Klaus-Jürgen (Hrsg.), Neue Möbel, Ein internationaler Querschnitt von 1950 bis heute, Stuttgart 1982
Sembach, Klaus-Jürgen; Leuthäuser, Gabriele; Gössel, Peter, Möbeldesign des 20. Jahrhunderts, Köln o. J.
Seyffert, Rudolf, Werbelehre, 2 Bände, Stuttgart 1966
Silbermann, Alphons, Profanbauten und soziale Verflechtungen, in: Der Deutsche Baumeister, Heft 12, 1961
Silbermann, Alphons, Vom Wohnen der Deutschen, Eine soziologische Studie über das Wohnerlebnis, Köln, Opladen 1963
Silbermann, Alphons, Vom Wohnen der Deutschen, Eine soziologische Studie über das Wohnerlebnis, Frankfurt a. M. 1966
Silbermann, Alphons, Systematische Inhaltsanalyse, in: *König, René* (Hrsg.), Handbuch der empirischen Sozialforschung, 3. Aufl., Stuttgart 1974
Silbermann, Alphons, Soziologie der Künste, in: *König, René* (Hrsg.), Handbuch der empirischen Sozialforschung, 2. Aufl., Stuttgart 1979, Bd. 13, S. 137 ff.
Silbermann, Alphons, Handwörterbuch der Massenkommunikation und Medienforschung, 2 Bände, Berlin 1982
Silbermann, Alphons, Bauen und Wohnen im Spiegel des gesellschaftlichen Wertewandels, in: *Bergauer, Karlhans; Michel, Reinhard* (Hrsg.), Bauen und Leben, 4. Bd., Bonn 1989, S. 57 ff.
Silbermann, Alphons; Hänseroth, Albin, Medienkultur, Medienwirtschaft, Medienmanagement, Frankfurt a. M., Bern, New York, Paris 1989
Statistisches Bundesamt Wiesbaden (Hrsg.), Das Wohnen in der Bundesrepublik Deutschland, Ausgabe 1981, Stuttgart 1981
Tarde, Gabriel, Les Lois de l'Imitation, Paris 1890
Teuteberg, Hans-Jürgen (Hrsg.), Homo habitans, Zur Sozialgeschichte des ländlichen und städtischen Wohnens in der Neuzeit, Münster 1985
Teuteberg, Hans-Jürgen; Wischermann, Clemens, Wohnalltag in Deutschland 1850–1914, Bilder, Daten, Dokumente, Münster 1985
Tokarski, Walter; Schmitz-Scherzer, Reinhard, Freizeit, Stuttgart 1985
Tränkle, Margret: Wohnkultur und Wohnweisen, Bd. 32 der Untersuchungen des Ludwig-Uhland-Instituts der Universität Tübingen, Diss., Tübingen 1972
Unesco (Hrsg.), Unesco et les problèmes de l'habitat, Conference d'HABITAT à Vancouver, Vancouver o. J.
Verlagsgruppe Bauer (Hrsg.), Wohnstil-Präferenzen, München 1987
Wandel der Wohnbedürfnisse, Vorstudie, Endbericht, hrsg. von der Universität Oldenburg, Arbeitsgruppe Stadtforschung, Oldenburg 1985
Wansch, Franz, Wohnen mit Körper, Geist und Seele, Reinbek bei Hamburg 1989
Warnke, Martin, Zur Situation der Couchecke, in: Habermas, Jürgen (Hrsg.), Stichworte zur »Geistigen Situation der Zeit«, 2. Bd., Politik und Kultur, Frankfurt a. M. 1979, S. 673–687

Weber, Annemarie, Immer auf dem Sofa, Das familiäre Glück vom Biedermeier bis heute, Berlin 1982

Wiesand, Andreas J.; Fohrbeck, Karla; Fohrbeck, Dorothea, Beruf Architekt, Eine zusammenfassende Darstellung und Interpretation der Berufswirklichkeit und Berufsgeschichte von Architekten, Architektenkammer NRW, Stuttgart 1984

Wiese, Leopold von, Der öffentliche und der private Bereich des menschlichen Lebens, in: Universitas, Stuttgart 1958, Heft 6

Wingen, Max, Wohnbedingungen von Kindern, Anmerkungen zu einer familien- und kindgerechten Wohnungspolitik, in: *Luescher, Kurt* (Hrsg.), Sozialpolitik für das Kind, Stuttgart 1979, S. 49–68

Wohnungsgestaltung und Wohnverhalten, hrsg. von Norwegian Building Research Institute, Oslo 1980

Zimmermann, Janos, Wohnverhalten und Wohnumwelt, Eine empirische Untersuchung über die Beziehung zwischen dem Wohnverhalten und den physischen Bedingungen der Freiräume, Schriftenreihe »Bau- und Wohnforschung« des Bundesministers, Bonn 1978